어린 왕자 영어판

The Little Prince

English Learner's Edition

It is only with the heart that one can see rightly; what is essential is invisible to the eye.

서문

《어린 왕자》는 세대를 넘어 전 세계에서 사랑받는 작품이지만, 영어로 읽으려 하면 많은 학습자들이 어려움을 느낍니다. 낯선 어휘와 복잡한 문장 구조, 그리고 문화적인 뉘앙스는 독서의 흐름을 방해하고, 완독을 포기하게 만들기도 합니다. 특히 영어 원서를 처음 접하는 분들에게는 이 장벽이 더 높게 다가옵니다. 이번 책은 그 장벽을 낮추고, 학습자가 부담 없이 끝까지 읽어 나갈 수 있도록 기획되었습니다.

우리는 원작의 따뜻함과 상징성을 그대로 살리면서도, 영어 학습자가 읽기 쉽도록 문장을 부드럽고 명료하게 다듬었습니다. 줄거리에 몰입하는 동안에도 이해를 돕는 번역과 어휘 정리가 바로 옆에 있어, 사전이나 참고서를 번갈아 볼 필요가 없습니다. 덕분에 독자는 이야기를 끊김 없이 즐기면서도, 매 페이지마다 새로운 표현과 문장 패턴을 자연스럽게 익힐 수 있습니다.

    학습자의 수준과 속도에 맞춰 CEFR A 레벨과 CEFR B 레벨 두 가지 버전을 제공합니다. A 레벨은 기본 어휘와 기초 문장 구조를 중심으로, 영어 원서 읽기에 처음 도전하는 학습자가 부담 없이 따라갈 수 있도록 구성했습니다. B 레벨은 보다 다양한 어휘와 문장 패턴, 그리고 한 단계 확장된 문법 요소를 포함해, 기초를 넘어선 학습자가 표현력과 이해력을 넓혀갈 수 있도록 설계했습니다. 여기에 더해, 원작의 27개 챕터를 유지하면서도 동시에 각 챕터를 비슷한 분량으로 재구성하여 하루 한 챕터씩 꾸준히 읽어 나갈 수 있게 했습니다. 각 장이 너무 짧거나 길지 않아, 안정적인 학습 리듬을 유지하며 완독까지 이어갈 수 있습니다.

    핵심 어휘 정리 및 실용 예문, 그리고 이해를 돕는 번역이 포함되어 있어 실제 이야기 속 맥락에서 표현을 더 잘 이해할 수 있을 것입니다. 책장을 넘길수록 이해력과 표현력이 쌓이고, 완독의 순간에는 "영어로 책 한 권을 끝냈다"는 성취감이 여러분의 다음 도전을 이끌어 줄 것입니다.

    이 책은 단순히 한 팀의 노력만으로 완성된 것이 아닙니다. 수많은 후원자들의 응원과 "영어로 《어린 왕자》를 완독하고 싶다"는 열망이 모여 탄생한 작품입니다. 이제 이 작은 별을 여러분의 손에 전합니다. 부디 이 책이 영어 학습 여정의 든든한 동반자가 되어, 매일 한 챕터를 읽는 시간이 작은 즐거움과 설렘으로 이어지길 바랍니다.

펀딩 기획자 다미안 드림

✦ 도움의 말

본 도서를 읽기에 앞서 몇 가지 도움의 말을 전합니다.

1. 원문의 내용 일부가 생략되었습니다.

이 책은 영어를 공부하는 여러분을 위해 어린 왕자 프랑스어 원문을 새롭게 구성한 책입니다. 왕초보편(A1~A2)과 초중급편(B1~B2) 두 가지 버전이 준비되어 있어, 각자 현재 수준에 맞게 읽으실 수 있습니다. 레벨에 맞추어 문장을 단순화하거나 내용을 줄였기 때문에, 원문과는 일부 표현이나 세부 내용이 다를 수 있습니다. 혹시 아직 어린 왕자를 읽어보지 않으셨다면, 시중에 나와 있는 한국어 번역본을 먼저 읽고 이 책을 보시면 더 깊이 이해하실 수 있습니다. 물론, 이 책부터 바로 읽으셔도 충분히 재미있게 읽으실 수 있습니다.

2. 레벨에 맞춰 읽기를 권장합니다.

왕초보편은 영어 CEFR 기준 A1~A2 수준에 맞춰 문법과 어휘를 구성했습니다. 필요할 경우 and, but, so 같은 기본 접속사가 등장합니다. 초중급편은 영어 CEFR 기준 B1~B2 수준의 문법과 어휘를 사용했습니다. 문법적인 제한을 두지 않고 원문 문체를 살렸으며, 다양한 시제를 사용해 원문의 분위기와 어휘를 최대한 담았습니다. 문장 구조도 조금 더 길고 복잡하여, 왕초보편을 마친 분들이 한 단계 더 깊이 있는 독해를 할 수 있도록 구성했습니다.

3. 이렇게 공부해 보세요.

이 책을 공부하실 때는 먼저 영어 본문과 어휘를 보며 스스로 읽어보세요. 처음에는 가능하면 한국어 번역을 보지 않는 것이 좋습니다. A레벨 학습자는 왕초보편부터 시작하시고, 이후 B레벨이 되면 초중급편으로 넘어가시면 좋겠습니다. 왕초보편은 A1~B1 학습자에게, 초중급편은 B1~B2 이상의 학습자에게 적합합니다. 본문을 충분히 읽은 뒤에는 원어민 음원을 텍스트 없이 들어보며, 전체적인 의미와 세부 표현을 함께 느껴보세요. 또한 필사노트를 준비해 원문을 직접 써 보시길 권합니다. 필사를 하면 문장 구조와 어휘를 몸에 익힐 수 있고, 어느새 나만의 어린 왕자 책을 손으로 완성하는 즐거움도 맛보실 수 있습니다. 이 책이 여러분의 영어 학습에 따뜻하고 즐거운 동반자가 되기를 바랍니다.

구성 안내

① **본문의 챕터는 프랑스어 원서와 동일한 27개로 구분하였습니다.**

원작의 27개 챕터를 유지하면서도 각 챕터를 비슷한 분량으로 재구성해 하루 한 챕터씩 읽을 수 있도록 조정했습니다. 각 챕터는 너무 짧거나 길지 않아, 매일 일정한 학습 리듬을 유지하며 완독까지 이어갈 수 있습니다.

② **한국어 해석을 제공합니다.**

번역은 원문과 최대한 가깝게 하였습니다. 다만, 읽는 흐름을 해치지 않도록 필요한 경우 의역을 사용하였습니다. 문학 작품은 문화권과 작가의 감성에 따라, 같은 단어라도 다르게 느껴지고 다양한 해석이 가능합니다. 정답은 정해져 있지 않으니, 자신만의 색깔을 살려 번역하는 즐거움을 느껴보세요.

③ **어려운 단어나 기억해야 할 단어들은 따로 정리해 두었습니다.**

왕초보편은 본문 오른쪽 아래에 단어의 뜻을 표기하고, 책 끝의 단어장에 예문과 해석을 함께 수록하였습니다. 초중급편 역시 책 끝의 단어장에서 예문과 해석을 확인할 수 있습니다. 정리된 어휘에서 명사는 복수형을 따로 표기하지 않고 단수형만 제공합니다. 동사는 원형 형태로 표기하며, 의미는 가장 널리 쓰이는 1~2가지만 담았습니다.

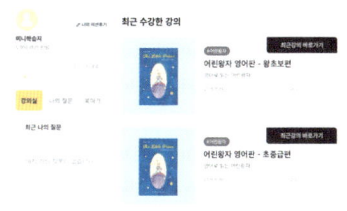

유료 독해 강의는 미니학습지 홈페이지 및 앱의 강의실에서 수강할 수 있습니다.

왕초보편과 초중급편 강의는 각각 별도의 강의실로 구분되어 있습니다. 영상 강의는 원문이 아니라, 본서를 기반으로 제작된 영어판의 구성과 내용을 중심으로 진행됩니다. 따라서 원문의 흐름·맥락·내용에 초점을 두지 않고, 독립적인 도서로서 강의가 진행됩니다. 다만 필요한 경우, 이해를 돕기 위해 원문의 의미를 일부 빌릴 수 있습니다.

À LÉON WERTH

Je demande pardon aux enfants d'avoir dédié ce livre à une grande personne. J'ai une excuse sérieuse : cette grande personne est le meilleur ami que j'ai au monde. J'ai une autre excuse : cette grande personne peut tout comprendre, même les livres pour enfants. J'ai une troisième excuse : cette grande personne habite la France où elle a faim et froid. Elle a bien besoin d'être consolée. Si toutes ces excuses ne suffisent pas, je veux bien dédier ce livre à l'enfant qu'a été autrefois cette grande personne. Toutes les grandes personnes ont d'abord été des enfants. (Mais peu d'entre elles s'en souviennent.)

Je corrige donc ma dédicace :

À LÉON WERTH
QUAND IL ÉTAIT PETIT GARÇON

레옹 베르트에게

이 책을 어른에게 바친 내 대해 어린이들에게 용서를 구한다. 내게는 그럴 만한 각별한 이유가 있다. 이 어른이야말로 이 세상에서 가장 친한 친구이기 때문이다. 또 다른 이유가 있다. 이 어른은 모든 것을, 심지어 어린이를 위한 책까지도 이해할 수 있다. 세 번째 이유는 이렇다. 이 어른은 프랑스에서 살고 있는데 배고프고 추위에 떨며 살고 있다. 그는 위로가 절실히 필요하다. 이 모든 이유로도 충분치 않는다면 어린 시절의 그에게 이 책을 바치고 싶다. 어른들도 한때는 아이였으니까. (하지만 대부분의 어른들은 이 사실을 기억하지 못한다.) 그래서 내 헌사를 이렇게 수정한다.

어린 소년이던 레옹 베르트에게

목차

서문

도움의 말 / 구성 안내

목차

The Little Prince

Beginner Level

어린 왕자 왕초보편

 **I**

The grown-ups did not understand.

When I was little, I liked jungle books. One book had a picture of a big snake. The snake was eating a wild animal. I liked the picture, so I drew it.

But grown-ups saw my drawing and asked, "Is it a hat?" I was sad. So I drew again. This time, I drew an elephant inside the snake.

The grown-ups did not understand again. They said I should learn more geography. So I stopped drawing and started flying airplanes. I talked to many grown-ups, but I never understood them.

어릴 적 나는 정글 이야기가 담긴 책을 좋아했다. 그중 한 책에는 커다란 뱀이 야생 동물을 통째로 삼키고 있는 그림이 있었다. 그 그림이 마음에 들어 나도 그대로 따라 그려 보았다.

　그런데 어른들은 내 그림을 보고 "이게 모자니?" 하고 물었다. 나는 서운했다. 그래서 이번엔 뱀 뱃속에 있는 코끼리까지 그려 넣었다.

　하지만 어른들은 여전히 이해하지 못했다. 오히려 나에게 지리를 더 공부하라고 말했다. 결국 나는 그림 그리기를 그만두고 비행기 조종사가 되었다. 그 후 많은 어른들과 이야기를 나누었지만, 나는 끝내 그들을 이해할 수 없었다.

jungle 정글, 밀림
snake 뱀
grown-up 어른
elephant 코끼리
stop 그만두다

book 책
wild animal 야생 동물
hat 모자
understand 이해하다
airplane 비행기

picture 그림, 사진
draw 그리다
sad 슬픈
geography 지리(학)

II

Everything is very small where I live.

One day my airplane had a problem in the Sahara Desert. I had to fix it. At night I fell asleep on the sand. The next morning, a little boy woke me up. He asked, "Can you draw me a sheep? I want a sheep." But it was not easy, because as a child I only drew snakes. The little boy kept saying, "Draw me a sheep!" I drew my first picture. But he did not want a big elephant inside a snake. He wanted a little sheep. So I drew a box with a sheep inside.

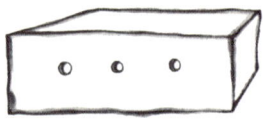

The boy liked my drawing. But he asked, "Does this sheep eat a lot of grass? Everything is very small where I live." I said, "This sheep is very small. It will surely have enough grass." That is how I met the little prince.

어느 날 내 비행기가 사하라 사막에서 고장이 났다. 나는 비행기를 고쳐야 했다. 밤이 되어 나는 모래 위에서 잠이 들었다. 다음 날 아침, 어린 소년이 나를 깨웠다. 소년은 말했다. "양 한 마리만 그려줘. 양이 갖고 싶어." 하지만 나는 어렸을 때 뱀만 그렸기 때문에 쉽지 않았다. 소년은 계속해서 말했다. "양 한 마리 그려줘!" 그래서 나는 내가 처음 그렸던 그림을 그려 주었다. 그러나 소년은 뱃속에 코끼리가 들어 있는 커다란 뱀은 원하지 않았다. 그가 원하는 것은 작은 양이었다. 그래서 나는 양이 들어있는 상자를 그렸다.

　소년은 내 그림을 마음에 들어 했다. 하지만 소년이 물었다. "이 양은 풀을 많이 먹어? 내가 사는 곳은 모든 게 아주 작아." 나는 말했다. "이 양은 아주 작아. 얘가 먹을 정도는 충분히 있을 거야." 그렇게 나는 어린 왕자를 만났다.

problem 문제　　　　　**desert** 사막　　　　　　　**fix** 고치다, 수리하다
fall asleep 잠들다　　　**sand** 모래　　　　　　　**wake up** 깨우다
sheep 양　　　　　　　**as a child** 어렸을 때, 아이였을 때　**only** 오직, 단지, ~만
keep saying 계속 말하다　**inside** ~안에　　　　　**box** 상자
grass 풀　　　　　　　**surely** 확실히, 분명히　　　**enough** 충분한

★ III ★

The sheep cannot run away.

The little prince had many questions. But he never answered my questions. When he first saw my airplane, he asked, "What is that?" I explained to him, "This is an airplane. I can fly with it." "Did you fall from the sky?" he laughed loudly.

He asked me, "Which planet do you come from?" I realized he was not from Earth. I asked him, "Where do you want to take this sheep? You should be careful, so it doesn't run away." The little prince thought this idea was strange and said, "My home is very small. The sheep cannot run away. It can't go very far."

어린 왕자는 궁금한 것이 참 많았다. 하지만 내 질문에는 좀처럼 대답하지 않았다. 그는 처음 내 비행기를 보고 이렇게 물었다. "저건 뭐야?" 나는 설명했다. "이건 비행기야. 이걸 타고 하늘을 날 수 있지." 그러자 그는 큰소리로 웃으며 말했다. "그럼 하늘에서 떨어진 거야?"

　곧이어 어린 왕자는 다시 물었다. "어느 별에서 왔어?" 그때 나는, 그가 지구 사람이 아니라는 걸 깨달았다. 그래서 물었다. "이 양을 어디로 데려갈 거니? 도망가지 않도록 조심해야 할 텐데." 하지만 어린 왕자는 내 말을 이상하게 여긴 듯 이렇게 말했다. "우리 집은 아주 작아. 양은 도망칠 수 없어. 멀리 갈 수도 없어."

question 질문	**answer** 대답하다	**explain** 설명하다
fly 날다, 비행하다	**fall** 떨어지다	**sky** 하늘
laugh 웃다	**loudly** 크게, 시끄럽게	**planet** 행성
realize 깨닫다	**Earth** 지구	**take** 데려가다, 가져가다
careful 조심하는, 주의하는	**run away** 도망가다	**far** 멀리

✩ IV ✩

Children understand important things.

Soon, I learned more about the little prince and his home. His planet was very small, only as big as a house. Its name was B-612. The little prince laughed when he talked about his planet. He said, "My planet is very small." I knew some planets were so small that people could not even see them with telescopes. But grown-ups did not care about small planets or stories about little princes. They only cared about numbers. If I said, "My friend comes from a very small planet," they would not listen. But if I said, "He comes from planet B-612," they believed me.

Grown-ups like numbers, but children like stories. Children understand important things. Now, I wonder if I'm becoming like a grown-up. I hope I never forget the little prince.

곧 나는 어린 왕자와 그의 집에 대해 더 많은 것을 알게 되었다. 그의 별은 집 한 채만큼 작았고, 이름은 B-612였다. 어린 왕자는 자기 별 이야기를 하며 웃었다. "내 별은 아주 작아." 나는 어떤 별들은 너무 작아서 망원경으로도 보이지 않는다는 걸 알고 있었다. 하지만 어른들은 그런 작은 별이나 어린 왕자 같은 이야기에는 관심이 없었다. 그들의 관심사는 오직 숫자였다. 내가 "내 친구는 아주 작은 별에서 왔어요."라고 말하면, 어른들은 귀 기울이지 않았다. 그러나 "그는 B-612라는 별에서 왔어요."라고 하면, 그제야 믿었다.

어른들은 숫자를 좋아하지만, 아이들은 이야기를 좋아한다. 아이들은 중요한 것을 이해한다. 가끔 나는 내가 점점 어른이 되어 가는 건 아닌지 생각한다. 하지만 나는 어린 왕자를 절대 잊고 싶지 않다.

---

learn 알게 되다
as big as~ ~만큼 큰
number 숫자
believe 믿다
wonder 궁금하다

home 집, 고향 (편안한 곳)
telescope 망원경
friend 친구
story 이야기
hope 바라다, 희망하다

house 집, 주택 (건물 자체)
care 관심을 가지다
listen 듣다
important 중요한
forget 잊다, 잊어버리다

★ V ★

Baobab trees are very dangerous.

The little prince told me about baobab trees. He said baobab trees are very dangerous. "If baobab trees grow too big, they can break my planet," he said. "Some things can wait until later, but baobab trees must be removed quickly." Then, one day, the little prince asked me, "Could you draw a picture of baobab trees? Then we can show children why they must be careful." I worked very hard to draw the baobab trees. I wanted children to easily recognize them.

어린 왕자는 바오밥나무에 대해 이야기해 주었다. 그는 이렇게 말했다. "바오밥나무는 아주 위험해. 너무 크게 자라면 내 별을 망가뜨릴 수도 있거든. 어떤 일들은 나중으로 미뤄도 되지만, 바오밥나무만큼은 빨리 뽑아야 해." 그러던 어느 날, 어린 왕자가 내게 부탁했다. "바오밥나무 그림을 그려 줄 수 있어? 아이들에게 왜 조심해야 하는지 보여주고 싶어." 나는 아이들이 쉽게 알아볼 수 있도록, 정말 열심히 바오밥나무를 그렸다.

tell 말하다	baobab tree 바오밥나무	dangerous 위험한
grow 자라다, 성장하다	break 부수다, 망가뜨리다	wait 기다리다
later 나중에	remove 제거하다	quickly 빠르게
show 보여주다	why 왜, 이유	work 노력하다
hard 열심히	easily 쉽게	recognize 알아보다, 인식하다

✩ VI ✩

You know, when you're very sad, you love sunsets.

    Oh, little prince, now I understand that you were often sad. You liked sunsets. They made you feel better. On your planet, you could watch the sunset just by moving your chair. "You know, when you're very sad, you love sunsets," you said. One day, you watched the sun set forty-four times! But when I asked if you were especially sad that day, you didn't say anything.

아, 어린 왕자. 네가 자주 슬펐다는 걸 이제야 알겠어. 너는 노을을 좋아했었지. 노을을 보면 기분이 조금은 나아졌으니까. 네 별에서는 의자만 살짝 옮기면, 언제든 노을을 볼 수 있었지. 넌 이렇게 말했지. "있잖아, 정말 슬플 때는 노을을 사랑하게 돼." 어느 날, 너는 마흔네 번이나 노을을 바라보았지. 하지만 그날 내가 특별히 슬펐느냐고 물었을 때, 너는 아무 대답도 하지 않았어.

often 자주, 종종	**sunset** 일몰	**better** 더 좋은, 더 나은
could 할 수 있었다	**watch** 보다	**chair** 의자
you know 있잖아, 알다시피	**love** 사랑하다, 매우 좋아하다	**times** 번, 횟수
especially 특히	**that day** 그날	**anything** 어떤 것, 아무것

VII

Flowers only want to protect themselves.

One day, the little prince asked me, "Do sheep also eat flowers with thorns?" I said, "Sheep eat everything, even flowers with thorns. Thorns are useless and bad." The little prince said, "Flowers only want to protect themselves." But I was very stressed. I wanted to fix my airplane. I said, "I'm very busy now."

The little prince became angry. "You're talking like a grown-up!" Then he explained clearly, "If someone loves one flower, and it is the only flower among millions of stars, and if a sheep eats that flower, he would feel like all the stars had disappeared." He started to cry, and I felt very bad.

어느 날, 어린 왕자가 내게 물었다. "양은 가시가 있는 꽃도 먹어?" 나는 대답했다. "양은 뭐든지 먹어. 가시가 있는 꽃도 먹지. 가시는 쓸모없고 나쁜 거야." 그러자 어린 왕자가 조용히 말했다. "꽃은 그저 자신을 지키고 싶을 뿐이야." 하지만 그때 나는 비행기를 고치는 일에만 몰두하고 있었다. 스트레스도 잔뜩 쌓여 있었다. 그래서 퉁명스럽게 말했다. "난 지금 아주 바빠."

그러자 어린 왕자는 화를 냈다. "꼭 어른들처럼 말하네!" 그리고는 또박또박 내게 설명했다. "누군가 한 송이 꽃을 사랑하고, 그 꽃이 수백만 개의 별 중에서 자라는 단 하나뿐인 꽃이라면, 그 꽃을 양이 먹어 버린다면… 그 사람에겐 마치 모든 별이 사라진 것처럼 느껴질 거야." 말을 마친 어린 왕자는 울기 시작했다. 나는 가슴이 미어지는 듯 아팠다.

also ~도 또한
useless 쓸모없는
stressed 스트레스를 받은
someone 누군가
star 별

thorn 가시
protect 보호하다, 지키다
busy 바쁜
among ~사이에, ~중에서
disappear 사라지다

everything 모든 것, 전부
themself 그들 자신
angry 화난
million 백만(수백만의, 수많은)
cry 울다

 VIII

But I was too young to know how to love her.

The little prince had a flower, and he liked it very much. On his planet, flowers were always small and simple. They lived for only one day. But one day, a special flower started to grow. The little prince watched it carefully. He thought it might become dangerous like a baobab tree. Slowly, the flower got ready. She chose beautiful colors. One morning, she opened and said, "My petals aren't ready yet." But the little prince thought she was very beautiful. Soon the flower started asking for many things. She wanted water, a glass cover, and protection from the wind. The little prince became tired and unhappy. Later, he told me, "I should not have listened to her words. I should have watched what she did. My flower made my planet beautiful. But I was too young to know how to love her."

어린 왕자에게는 아주 아끼는 꽃 한 송이가 있었다. 그의 별에서 꽃들은 늘 작고 단순했고, 하루만 살다 사라지곤 했다. 그런데 어느 날, 아주 특별한 꽃이 자라기 시작했다. 어린 왕자는 그 꽃을 주의 깊게 지켜보았다. 처음엔 혹시 바오밥나무처럼 위험한 존재가 아닐까 걱정했다. 꽃은 천천히 준비를 하며, 아름다운 색을 골라 입었다. 그리고 어느 날 아침, 마침내 꽃이 피어나며 말했다. "내 꽃잎은 아직 준비가 덜 되었어." 하지만 어린 왕자의 눈에는 그 꽃이 세상에서 가장 아름다워 보였다. 그런데 곧 꽃은 많은 것을 요구하기 시작했다. 물을 달라고 하고, 유리 덮개를 씌워 달라 하고, 바람으로부터 지켜 달라고 했다. 어린 왕자는 점점 지치고, 마음이 무거워졌다. 훗날, 그는 내게 이렇게 말했다. "나는 꽃이 하는 말을 듣기보다, 꽃이 하는 행동을 보았어야 했어. 내 꽃은 내 별을 아름답게 만들어 주었는데… 그때 나는 너무 어려서, 어떻게 사랑해야 하는지 몰랐어."

simple 단순한, 소박한
get ready 준비하다
open 열다, 피다
ask for 요구하다
tired 피곤한

live 살다
choose 선택하다
petal 꽃잎
cover 덮개
unhappy 불행한, 기분이 좋지 않은

special 특별한
color 색깔
yet 아직
wind 바람
too ~ to 너무 ~해서 (~할 수 없는)

IX

Now go, and be happy!

Before the little prince left his planet, he organized and cleaned everything. He also removed the last baobab trees. He felt sad because he thought he would never come back again. When he gave water to his flower for the last time, he began to cry. The flower said to him, "I don't need the glass cover anymore. The night wind will be good for me, and I'm not afraid of big animals. I have my thorns." As they said goodbye, she told him, "You've made your decision. Now go, and be happy!" The flower didn't want him to see her crying because she was very proud.

어린 왕자는 별을 떠나기 전에 모든 것을 정리하고 깨끗이 치웠다. 마지막으로 남아 있던 바오밥나무들도 모두 뽑아냈다. 다시는 돌아오지 못할 거라는 생각에 마음이 무거웠다. 그는 마지막으로 꽃에게 물을 주며 눈물을 흘렸다. 그때 꽃이 말했다. "이제 유리 덮개는 필요 없어. 밤바람이 나에게 도움이 될 거야. 큰 동물들도 무섭지 않아. 내겐 가시가 있으니까." 작별 인사를 하며, 꽃은 덧붙였다. "이미 결정한 일이잖아. 이제 어서 가서 행복하게 지내." 꽃은 자존심이 강했기에, 어린 왕자 앞에서 우는 모습을 보이고 싶지 않았다.

---

leave 떠나다
last 마지막의
anymore 더 이상 (~않다)
say goodbye 작별 인사를 하다

organize 정리하다
come back 돌아오다
good for me 내게 좋은
make a decision 결정을 내리다

clean 청소하다
give water 물을 주다
afraid 두려워하는, 겁내는
proud 자랑스러운, 자존심이 강한

X

Grown-ups are really strange!

The little prince visited many planets. On the first planet, he met a king. The king said, "I rule everything, even the stars." The little prince said to the king, "I want to see a sunset. Please tell the sun to go down." But the king explained, "I never give impossible commands." This made the little prince bored, and he wanted to leave. The king asked, "Will you become my Minister of Justice?" But the little prince replied that there was no one to judge. The king answered, "You can judge yourself." But the little prince said, "I don't need to live here to do that." Then the little prince got ready to leave the planet. "I will make you my ambassador," the king shouted behind him. The little prince said to himself, "Grown-ups are really strange!"

어린 왕자는 여러 별을 여행했다. 첫 번째 별에서 그는 한 왕을 만났다. 왕이 말했다. "나는 모든 것을 다스린다. 별들까지도 말이다." 어린 왕자가 부탁했다. "저는 노을이 보고 싶어요. 태양에게 어서 지라고 명령을 내려 주세요." 그러자 왕이 대답했다. "나는 불가능한 명령은 내리지 않는다." 어린 왕자는 점점 지루해졌고, 그 별을 떠나고 싶어졌다. 그러자 왕이 물었다. "나의 법무장관이 되지 않겠느냐?" "여기에는 심판할 사람이 없잖아요." 어린 왕자가 대답했다. 왕이 말했다. "그렇다면 너 자신을 심판하면 된다." 그러자 어린 왕자가 다시 말했다. "그건 제가 여기 살지 않아도 할 수 있는 일이잖아요." 어린 왕자는 별을 떠날 준비를 했다. 그러자 왕이 뒤에서 외쳤다. "그럼 너를 내 대사로 임명하겠다!" 어린 왕자는 혼잣말을 했다. "어른들은 정말 이상해."

first 첫 번째의
rule 다스리다, 통치하다
bored 지루한
judge 판단하다, 판결하다
ambassador 대사

visit 방문하다
even 심지어, ~조차
Minister of Justice 법무부 장관
reply 대답하다
shout 소리치다

king 왕
command 명령
make (someone) ~ (~로) 임명하다
yourself 너 자신
really strange 정말 이상한

XI

What does admire mean?

On the second planet lived a conceited man. When he saw the little prince, he said, "Ah! Someone is coming to admire me!" "Hello," said the little prince. "That's a funny hat." "It's a hat for greeting," said the man. "Clap your hands." The little prince clapped. The man raised his hat. After a few minutes, the little prince got bored. "How do I make your hat come down?" he asked. But the man didn't listen. He asked, "Do you admire me?" "What does admire mean?" said the little prince. "It means you think I'm the best man on this planet." "But you're the only man here!" said the little prince. The little prince left, thinking, "Grown-ups are very strange."

두 번째 별에는 허영심 많은 사람이 살고 있었다. 그는 어린 왕자를 보자마자 외쳤다. "아! 누군가 나를 칭찬하러 오는군!" "안녕하세요?" 어린 왕자가 인사했다. "참 이상한 모자를 쓰고 계시네요." "이건 인사할 때 쓰는 모자야. 박수를 쳐 봐." 어린 왕자가 박수를 치자, 그는 모자를 번쩍 들어 올렸다. 몇 분이 지나자 어린 왕자는 지루해졌다. "모자를 다시 내려오게 하려면 어떻게 해야 해요?" 어린 왕자가 물었다. 하지만 그는 듣지도 않고 물었다. "넌 나를 존경하니?" "존경한다는 게 무슨 뜻인가요?" "네가 나를 이 별에서 가장 멋진 사람이라고 생각하는 거지." "하지만 이 별에는 당신 혼자 뿐이잖아요!" 어린 왕자가 대답했다. 어린 왕자는 별을 떠나며 생각했다. "어른들은 정말 이상해."

second 두 번째의
funny 웃긴, 재미있는
raise 들어올리다
here 여기(에/에서)
very 매우, 아주

conceited 거만한, 잘난 체하는
greet 인사하다
after a few minutes 몇 분 후에
mean 의미하다

admire 존경하다, 감탄하다
clap 박수 치다
come down 내려오다
best 최고의

 XII

I'm drinking to forget.

The little prince visited a planet where a man drank a lot. He asked the man, "What are you doing?" The man replied, "I'm drinking to forget." "What do you want to forget?" "I want to forget that I'm ashamed." The little prince wanted to help, so he asked, "Why are you ashamed?" "Because I drink," the man said. Then he became quiet. The little prince felt sad and quickly left. He said, "Grown-ups are really strange."

어린 왕자는 한 별을 방문했다. 그곳에는 술을 많이 마시는 사람이 살고 있었다. 어린 왕자가 물었다. "뭐 하고 있어요?" 그 사람이 대답했다. "잊기 위해 술을 마시고 있지." "무엇을 잊고 싶은데요?" "내가 부끄럽다는 걸." 어린 왕자는 그를 도와주고 싶어 다시 물었다. "뭐가 부끄러운데요?" "술을 마신다는 게 부끄러워." 그리고는 조용해졌다. 어린 왕자는 마음이 무거워져 서둘러 그 별을 떠났다. 그는 혼잣말을 했다. "어른들은 정말 이상해."

drink (술을) 마시다	a lot 많이	do 하다
want to ~하고 싶다	ashamed 부끄러운, 창피한	help 돕다
so 그래서, 그러므로	why 왜	because 왜냐하면, ~때문에
quiet 조용한, 침묵하는	then 그리고 나서	

☆ XIII ☆

But you are of no use to your stars.

On the next planet lived a very busy man. He counted stars and believed the stars were his. The little prince could not understand this, because you cannot keep stars. The man said he recorded the stars and put the paper into a drawer. "Is that all?" asked the little prince. He thought it was strange.

Then he said, "I have a flower I water every day. I own three volcanoes that I clean every week. My flower and volcanoes are fine because I am there. But you are of no use to your stars..." The man could say nothing, and the little prince left. "Grown-ups are really strange," thought the little prince.

다음 별에는 아주 바쁜 사람이 살고 있었다. 그는 별을 세고 있었고, 그 별들이 모두 자기 것이라고 믿었다. 어린 왕자는 도무지 이해할 수 없었다. 별은 가질 수 있는 것이 아니기 때문이다. 그는 별의 갯수를 종이에 적어 서랍 속에 넣어 둔다고 했다. "그게 다인가요?" 어린 왕자가 물었다. 왕자는 참 이상하다고 생각했다.

그리고 어린 왕자가 말했다. "저에게는 매일 물을 주는 꽃이 하나 있어요. 매주 청소하는 화산도 세 개 있죠. 제 꽃과 화산은 제가 있어서 잘 지내요. 하지만 당신은 당신이 가진 별들에게 아무런 쓸모가 없잖아요." 그 사람은 아무 대답도 하지 못했다. 어린 왕자는 그 별을 떠나며 생각했다. "어른들은 정말 이상해."

count 세다

record 기록하다

all 전부, 모두

every day 매일

of no use 소용없는, 쓸모없는

his 그의 (소유격)

paper 종이

own 소유하다

every week 매주

nothing 아무것도

keep 가지다, 보관하다

drawer 서랍

volcano 화산

there 거기, 그곳

XIV

He is the only friend I could find here.

On the fifth planet lived a man who turned a streetlamp on and off. The planet spun so fast that the man never rested. The little prince told him, "If you want to enjoy the sun, you should walk slowly." But the man was not interested. The little prince wanted to stay longer on that planet, but it was too small for two people. This made him sad. "He is the only friend I could find here," he said to himself. The little prince did not want to admit that he also wished to stay because of the 1,440 sunsets every day.

다섯 번째 별에는 가로등을 켜고 끄는 사람이 살고 있었다. 그 별은 너무 빨리 돌아서, 그는 단 한순간도 쉴 수 없었다. 어린 왕자가 말했다. "햇빛을 즐기고 싶다면, 천천히 걸으면 돼요." 하지만 그 사람은 그 말에 관심이 없었다. 어린 왕자는 그 별에 좀 더 머물고 싶었지만, 그 곳은 두 사람이 살기에는 너무 작았다. 그 사실이 어린 왕자를 슬프게 했다. 그는 혼잣말로 말했다. "이 사람이 내가 여기서 만난 유일한 친구인데…" 사실, 어린 왕자는 하루에 무려 1,440번이나 노을을 볼 수 있다는 이유로 더 머물고 싶었다는 것을, 차마 인정하고 싶지 않았다.

fifth 다섯 번째의	**turn on / off** 켜다 / 끄다	**streetlamp** 가로등
spin 돌다, 회전하다	**fast** 빠른	**rest** 쉬다
enjoy 즐기다	**walk slowly** 천천히 걷다	**interested** 흥미 있는, 관심 있는
stay longer 더 오래 머물다	**people** 사람들	**find** 찾다
admit 인정하다	**wish** 바라다	

Where do you recommend I travel?

On the sixth planet, the little prince met a geographer who wrote thick books. The geographer knew where rivers, mountains, and deserts were, but he didn't know about his own planet because he wasn't an explorer. The little prince described his small planet  and mentioned the three volcanoes and his flower. The geographer didn't record the flower because it would soon disappear. The little prince felt very sad. "My flower will soon be gone, and I left her alone," he said. Even so, he asked, "Where do you recommend I travel?" The geographer answered, "The planet Earth." The little prince then left, thinking about his flower.

여섯 번째 별에서 어린 왕자는 두꺼운 책을 쓰는 지리학자를 만났다. 지리학자는 강과 산, 사막이 어디 있는지는 잘 알고 있었지만, 탐험가는 아니었기 때문에 정작 자기 별에 대해서는 전혀 아는 바가 없었다. 어린 왕자는 자신의 작은 별에 대해 이야기했다. 세 개의 화산과 자기 꽃에 대해서도 말했다. 그러나 지리학자는 꽃은 곧 사라지기 때문에 기록하지 않는다고 했다. 그 말에 어린 왕자는 몹시 슬펐다. "내 꽃은 곧 사라질 텐데… 혼자 두고 와 버렸네." 그럼에도 그는 물었다. "어디로 여행을 가면 좋을까요?" 지리학자가 대답했다. "지구라는 별로 가 보시오." 어린 왕자는 자신의 꽃을 생각하며 그 별을 떠났다.

sixth 여섯 번째의	**geographer** 지리학자	**thick** 두꺼운
river 강	**mountain** 산	**explorer** 탐험가
describe 묘사하다	**mention** 언급하다	**soon** 곧
be gone 사라지다	**alone** 혼자, 홀로	**even so** 그럼에도 불구하고
recommend 추천하다	**travel** 여행하다	

 XVI ✩

The seventh planet was Earth, where many people live.

The seventh planet was Earth, where many people live. In the past, 462,511 men were needed to turn on streetlamps on all six continents. They did this to make the streets bright. Lamps were lit in order from New Zealand and Australia all the way to North America. Only the lamplighters at the North Pole and South Pole had to work just twice a year.

일곱 번째 별은 지구였고, 그곳에는 아주 많은 사람들이 살고 있었다. 예전에는 여섯 대륙의 가로등을 켜기 위해 무려 462,511명의 사람이 필요했다. 그들은 거리를 환하게 밝히기 위해 일했다. 가로등은 뉴질랜드와 오스트레일리아에서 시작해 북아메리카까지 차례 차례 켜졌다. 다만 북극과 남극의 가로등지기들은 일 년에 단 두 번만 일을 하면 됐다.

seventh 일곱 번째의	**where** ~한 곳 (관계부사)	**man** 남자
in the past 과거에	**light** 불을 켜다	**lamp** 등, 램프
continent 대륙	**bright** 밝은	**in order** 순서대로
from ~에서부터	**all the way** 끝까지	**North Pole** 북극
South Pole 남극	**twice a year** 일 년에 두 번	

☆ XVII ☆

Earth is so big that sometimes you don't see any people at all.

I told you about many people, but Earth is actually much bigger. Earth is so big that sometimes you don't see any people at all. The little prince came to Earth and met a snake in Africa. The little prince asked where the people were. But the snake said, "On Earth, you can also feel lonely." The snake wanted to help the little prince. "You are very weak. If you want to go home, I can help you. I can send you back to your planet." The little prince said, "Oh! I understand." But he felt the snake's words were like a puzzle. They stayed silent.

나는 지금까지 많은 사람들에 대해 이야기했지만, 사실 지구는 훨씬 더 크다. 지구는 너무 넓어서, 때로는 사람을 전혀 만나지 못할 때도 있다. 어린 왕자는 지구에 도착해 아프리카에서 뱀 한 마리를 만났다. 그는 사람들은 어디에 있느냐고 물었다. 그러자 뱀이 말했다. "지구에서도 넌 외롭다고 느낄 수 있어." 뱀은 어린 왕자를 도와주고 싶어 했다. "넌 아주 약하구나. 집으로 돌아가고 싶다면 내가 도와줄 수 있어. 너를 다시 네 별로 보내 줄 수도 있단다." "오! 알았어." 어린 왕자가 말했다. 하지만 그는 뱀의 말이 마치 수수께끼 같다고 생각했다. 그 후 둘은 말없이, 조용히 함께 있었다.

actually 실제로, 사실은	**bigger** 더 큰	**so~ that...** 너무 ~해서 ... 하다
sometimes 때때로, 가끔	**any** 어떤 ~라도, 아무	**at all** 전혀, 조금도
Africa 아프리카	**where** 어디에 (의문사)	**lonely** 외로운
weak 약한	**send back** 돌려보내다	**word** 말
~like ~처럼, ~같은	**puzzle** 퍼즐, 수수께끼	**stay silent** 침묵하다, 조용히 있다

☆ XVIII ☆

Where are the people?

The little prince walked through the desert and met a flower. The flower had only three petals and was very small. The little prince greeted the flower and asked, "Where are the people?" The flower said, "People? I think seven people live here. I saw them many years ago. But they keep moving, so I never know where they are."

어린 왕자는 사막을 걷다가 꽃 한 송이를 만났다. 그 꽃은 꽃잎이 세 장뿐이었고, 아주 작았다. 어린 왕자가 꽃에게 인사하며 물었다. "사람들은 어디에 있어?" 꽃이 대답했다. "사람들? 글쎄... 아마도 일곱 명쯤 사는 것 같아. 아주 오래전에 본 적이 있거든. 하지만 사람들은 늘 움직이고 있어서, 지금 어디 있는지는 나도 전혀 몰라."

walk through ~을 걸어서 지나가다   **three** 셋, 세 개   **ago** ~전에, 이전에
keep moving 계속 움직이다

What a strange planet!

The little prince climbed a high mountain to see the whole planet and all the people. But he saw only sharp rocks. He shouted into the distance, "Hello!" An echo answered him. The little prince asked the echo to be his friend, but the echo just repeated his words. The little prince thought the people on this planet had no imagination. "What a strange planet! My flower always spoke first," he said.

어린 왕자는 별 전체와 그곳의 모든 사람들을 보기 위해 높은 산에 올랐다. 하지만 그의 눈에 들어온 것은 뾰족한 바위들뿐이었다. 그는 저 멀리 소리쳤다. "안녕!" 그러자 메아리가 그의 말을 그대로 따라했다. 어린 왕자는 메아리에게 친구가 되어 달라고 부탁했지만, 메아리는 그저 그의 말을 되풀이할 뿐이었다. 어린 왕자는 이 별의 사람들에게는 상상력이 없다고 생각했다. 그리고 중얼거렸다. "참 이상한 별이야! 내 꽃은 항상 먼저 말을 걸어줬는데."

climb 오르다, 올라가다
rock 바위, 돌
echo 메아리
imagination 상상력

high 높은
sharp 뾰족한, 날카로운
repeat 반복하다

whole 전체의, 온
into the distance 저 멀리
speak first 먼저 말하다

 **XX**

That doesn't make me a great prince.

The little prince traveled a long way and finally found a garden full of roses. But all the roses looked just like his flower, and he became sad. Then the little prince said, "I thought I was rich. But I only have an ordinary rose and three volcanoes. That doesn't make me a great prince..." He lay down on the grass and cried.

어린 왕자는 오랜 여행 끝에 마침내 장미가 가득한 정원에 도착했다. 그런데 그곳의 장미들은 모두 그의 꽃과 똑같이 생겼다. 그 순간, 어린 왕자의 마음은 깊이 가라앉았다. 그는 중얼거렸다. "내가 아주 부자인 줄 알았는데. 내게 있는 건 그저 평범한 장미 한 송이와 화산 세 개뿐이잖아. 이걸로는 위대한 왕자가 될 수 없어…" 어린 왕자는 풀밭에 몸을 눕히고, 눈물을 흘렸다.

---

a long way 먼 거리, 멀리　　**finally** 마침내, 결국　　**garden** 정원
full of ~로 가득 찬　　　　**just** 강조 (정확히, 꼭)　　　**look like** ~처럼 보이다
rose 장미　　　　　　　　**ordinary** 평범한, 흔한　　**great** 위대한, 훌륭한
lay down 눕다, 몸을 뉘다

✩ XXI ✩

You can only see clearly with your heart.

At that moment, a fox greeted the little prince. The little prince greeted him too. The fox explained, "When you tame someone, you become special to each other." The fox wanted the little prince to tame him, but the little prince had no time. The little prince wanted to find many friends. The fox said people no longer have friends because they don't tame each other. Finally, the little prince decided to tame the fox. The fox explained that it takes time and patience.

The next morning, the little prince returned. "It's better if you come back at the same time," the fox said. "For example, if you come at four o'clock in the afternoon, I'll start feeling happy from three." When it was time to say goodbye, the fox told the little prince a secret. "You can only see clearly with your heart. You cannot see important things with your eyes."

그때, 여우 한 마리가 어린 왕자에게 인사를 건넸다. 어린 왕자도 인사를 했다. 여우가 말했다. "누군가를 길들이면, 서로에게 세상에 단 하나뿐인 특별한 존재가 되는 거야." 여우는 어린 왕자가 자신을 길들여 주기를 원했다. 하지만 어린 왕자는 시간이 없었다. 더 많은 친구를 찾아야 한다고 생각했기 때문이다. 그러자 여우는, 사람들에게 더 이상 친구가 없는 이유는 서로를 길들이지 않기 때문이라고 말했다. 결국 어린 왕자는 여우를 길들이기로 마음먹었다. 여우는 그러려면 시간과 인내가 필요하다고 설명했다.

다음 날 아침, 어린 왕자는 다시 여우를 찾아왔다. 여우가 말했다. "항상 같은 시간에 오는 게 좋아. 예를 들어 네가 오후 네 시에 온다면, 나는 세 시부터 행복해지기 시작할 거야." 헤어질 시간이 되자, 여우는 어린 왕자에게 비밀 하나를 알려주었다. "가장 중요한 건 눈에 보이지 않아. 마음으로 보아야만 정확히 볼 수 있는 거야."

at that moment 그 순간	**fox** 여우	**tame** 길들이다
each other 서로	**have no time** 시간이 없다	**return** 돌아오다
at the same time 같은 시간에	**for example** 예를 들어	**o'clock** ~시
secret 비밀	**clearly** 분명하게, 정확하게	**heart** 마음, 심장
eye 눈		

 # ✩ XXII ✩

Only children know where they want to go.

The little prince met a man who controlled trains. Sometimes the trains went right, sometimes left. Many travelers were inside the trains. A fast train rushed past them. The little prince asked, "Are they coming back?" The man said, "They are not the same people. They changed places." "Were they unhappy?" asked the little prince. "They're never happy where they are," said the man. "Only children press their noses against the windows." "Only children know where they want to go," said the little prince.

어린 왕자는 기차를 관리하는 사람을 만났다. 기차들은 때로는 오른쪽으로, 때로는 왼쪽으로 달려갔다. 기차 안에는 많은 여행자들이 타고 있었다. 그때, 빠른 기차 한 대가 그들 옆을 스쳐 지나갔다. 어린 왕자가 물었다. "저 사람들은 다시 돌아오는 건가요?" 기차 관리인이 대답했다. "아니요, 같은 사람들이 타고 있는 건 아니에요. 서로 있는 자리를 바꾸는 거죠." "불행한 사람들이었나요?" "사람들은 자기가 있는 곳에서 절대 행복하지 않아요. 오직 아이들만이 창문에 코를 대고 바깥을 바라보지요." 그러자 어린 왕자가 말했다. "아이들만이 자기가 가고 싶은 곳을 알고 있는 거네요."

control 통제하다	**train** 기차	**right** 오른쪽
left 왼쪽	**traveler** 여행자	**rush** 급히 지나가다
past ~을 지나서	**change places** 자리를 바꾸다	**press** 누르다
nose 코	**against** ~에 기대어	**window** 창문
want to go 가고 싶어 하다		

☆ XXIII ☆

You can do whatever you want.

After that, the little prince met a man who sold medicine for thirst. If you take the medicine, you won't be thirsty for a week. The man said, "With this, you can save a lot of time." The little prince asked, "What do I do with that time?" "You can do whatever you want," the man replied. The little prince thought, if he had that extra time, he would quietly walk to a well.

그 후 어린 왕자는 목마름을 없애주는 약을 파는 사람을 만났다. 그 약을 먹으면 일주일 동안 목이 마르지 않게 된다고 했다. 그 사람이 말했다. "이 약을 먹으면 많은 시간을 아낄 수 있어요." 어린 왕자가 물었다. "그 시간으로 뭘 하면 되는데요?" 그 사람이 대답했다. "당신이 하고 싶은 건 뭐든지 할 수 있지요." 어린 왕자는 잠시 생각했다. 만약 그런 여유 시간이 있다면, 그저 조용히 걸어서 우물에 가고 싶다고.

sell 팔다
if 만약 ~라면
save 절약하다, 아끼다
whatever 무엇이든
well 우물 (명사)

medicine 약
take the medicine 복용하다
time 시간
quietly 조용히

thirst 갈증
thirsty 목마른
extra 추가의, 여분의
walk to ~로 걷다

⭐ XXIV ⭐

What makes them beautiful is invisible!

It was my eighth day in the desert, and I had no more water. We needed to find a well. I walked with the little prince, and we watched the stars. The little prince said, "Stars are beautiful because they remind us of flowers we cannot see." "That's right," I replied. Then he said, "The desert is beautiful because somewhere there is a hidden well." "Yes, whether it's a house, a star, or a desert, what makes them beautiful is invisible!"

The little prince felt sleepy, and I carried him in my arms. He smiled as he slept. He was surely thinking about his flower. The next morning, we found the well.

사막에서의 여덟 번째 날이었다. 이제 물도 다 떨어져서 우리는 우물을 찾아야만 했다. 나는 어린 왕자와 함께 걸으며 별을 바라보았다. 어린 왕자가 말했다. "별이 아름다운 건, 보이지 않는 꽃을 떠올리게 해 주기 때문이야." "맞아." 내가 대답했다. 그리고 왕자는 말했다. "사막이 아름다운 건, 어딘가에 우물이 숨어 있기 때문이야." "그래, 집이든 별이든 사막이든… 그것을 아름답게 만드는 건 눈에 보이지 않는 거니까."

졸음이 어린 왕자를 찾아왔고, 나는 왕자를 안아들고 걸었다. 그는 미소를 지으며 잠에 빠져들었다. 분명히 자기 꽃을 생각하고 있었을 것이다. 다음 날 아침, 우리는 마침내 우물을 찾았다.

eighth 여덟 번째의
need to ~할 필요가 있다
hidden 숨겨진
sleepy 졸린
smile 웃다, 미소짓다

already 이미
remind 상기시키다
whether ~이든 ~이든 (나열할 때)
carry 안다, 들어서 나르다

no more 더 이상 ~이 없는
somewhere 어딘가에
invisible 보이지 않는
in one's arms ~의 품에

☆ XXV ☆

People must learn to search with their hearts.

I didn't want the little prince to get tired. "I'll do it," I said, and I pulled up the water. The little prince drank the delicious water and said, "People must learn to search with their hearts."

The little prince asked me to make a muzzle for his sheep. So I drew one. Something felt strange, so I said, "You're planning something..." But he didn't answer. After a while, the little prince said, "You have work to do now. Go back to your machine. I'll wait here."

나는 어린 왕자가 지치지 않기를 바랐다. "내가 할게." 나는 그렇게 말하고, 우물에서 물을 길어 올렸다. 어린 왕자는 시원하고 맑은 물을 마시며 말했다. "사람들은 마음으로 찾는 법을 배워야 해." 그는 내게 양에게 씌울 입마개를 그려 달라고 부탁했다. 그래서 나는 그것을 그려 주었다. 그런데 왠지 모르게 마음이 불안해졌다. "너, 뭔가 계획하고 있는 거지…?" 내가 물었지만, 그는 아무 대답도 하지 않았다. 잠시 후, 어린 왕자가 말했다. "넌 이제 해야 할 일이 있잖아. 비행기로 돌아가. 난 여기서 기다릴게."

get tired 피곤해지다　　　　**pull up** 끌어올리다　　　　**delicious** 맛있는
must ~해야 한다　　　　　　**learn to** ~하는 법을 배우다　**search** 찾다, 탐색하다
muzzle 입마개　　　　　　　**plan** 계획하다　　　　　　**machine** 기계
wait 기다리다

XXVI

The most important things cannot be seen.

When I came back, I saw the little
prince sitting on the wall by the well.
He was talking to someone. "You
have good poison that won't hurt me
for long, right?" Then I saw a yellow
snake and ran quickly to the little
prince. He was weak and very scared.

I took care of him. "I'm going home," he said quietly. "You should go home
too. Your airplane is fixed now." Then he talked about his planet again.
"The most important things cannot be seen," he said, smiling. I loved his
smile very much. "You will always be my friend," he said. "You will think
I'm dying, but it's not true." That evening, I stayed with him. I felt he was
afraid. We cried together. Then he stood up slowly. Suddenly, there was a
yellow flash, and the little prince gently fell down.

내가 돌아왔을 때, 어린 왕자는 우물 옆 돌담 위에 앉아 있었다. 그는 누군가와 조용히 이야기하고 있었다. "너는 좋은 독을 가지고 있지? 나를 오래 아프게 하진 않을 거야, 그렇지?" 그 순간, 나는 노란 뱀 한 마리를 보았고, 어린 왕자에게 급히 달려갔다. 그는 이미 힘이 빠져 있었고, 두려움에 떨고 있었다. 나는 정성껏 왕자를 돌보았다. "난 이제 집으로 갈 거야." 그가 조용히 말했다. "너도 집으로 돌아가. 네 비행기는 이제 고쳐졌잖아." 그러고는 다시 자기 별 이야기를 꺼냈다. 그는 미소를 지으며 말했다. "가장 중요한 것은 눈에 보이지 않아." 나는 그 미소가 참 좋았다. 왕자가 말했다. "너는 언제나 내 친구일 거야. 내가 죽는다고 생각하겠지만, 그렇지 않아." 그날 저녁, 나는 그와 함께 있었다. 그가 두려워한다는 것을 느꼈고, 우리는 함께 울었다. 잠시 후, 그는 천천히 일어섰다. 갑자기 노란빛이 번쩍였고, 어린 왕자는 조용히 쓰러졌다.

wall 벽, 담
yellow 노란색
always 항상
evening 저녁
flash 번쩍임, 섬광

poison 독, 독약
scared 무서운, 겁먹은
die 죽다
stand up 일어나다
gently 부드럽게, 살며시

hurt 다치게 하다, 아프게 하다
take care 돌보다
not true 사실이 아닌, 거짓인
suddenly 갑자기
fall down 쓰러지다

⭐ XXVII ⭐

If you see a child with golden hair, you'll know who he is.

It happened six years ago. I never told this story before, but now I've found some peace. I know the little prince went back to his planet, because I never found his body. Every time I look up at the stars, I smile. I think of my friend, the little prince. I often wonder what happened on his planet. Did the sheep eat the flower? Or did the little prince protect it?

If you see a child with golden hair, you'll know who he is. Please be kind to him, and let me know if the little prince comes back.

그게 벌써 6년 전의 일이다.

그동안 이 이야기를 한 번도 한 적 없지만, 이제야 비로소 내 마음에 작은 평화가 찾아왔다. 나는 어린 왕자가 자기 별로 무사히 돌아갔다는 것을 안다. 그의 몸을 결코 찾지 못했기 때문이다. 별을 올려다볼 때마다 나는 미소를 짓는다. 나의 친구, 어린 왕자를 떠올리며. 그의 별에 무슨 일이 있었을지, 궁금할 때도 종종 있다. 양이 그 꽃을 먹었을까? 아니면 어린 왕자가 꽃을 지켜냈을까?

만약 당신이 황금빛 머리카락을 가진 아이를 본다면, 그 아이가 누구인지 알 수 있을 것이다. 부디 그 아이에게 친절하게 대해 주기를. 그리고 어린 왕자가 돌아온다면, 나에게 꼭 알려주기를 부탁한다.

peace (find peace) 평화, 평온   body 몸, 시신   find 찾다
every time ~할 때마다   golden 금빛의   hair 머리카락
kind 친절한   let me know 내게 알려줘

The Little Prince

Intermediate Level

어린 왕자 초중급편

They asked if it was a hat.

When I was a child, I was fascinated by a book about the jungle. In this book, there was an illustration of a huge snake swallowing a wild animal. I thought about this picture for a long time. Later, I drew my own version of it. When I showed my drawing to grown-ups, they asked if it was a hat. That made me feel sad. So, I made another drawing, where you could see inside the snake. But the grown-ups didn't understand this picture either, and they told me I should study geography instead. Because of this, I quickly gave up drawing and decided later to become a pilot. Thanks to my knowledge of geography, this seemed easy to me. Despite interacting with many grown-ups, my opinion of them never changed. Sometimes I tested them with my first drawing, but the answer was always the same: it was a hat. So, to please them, I talked about other things instead.

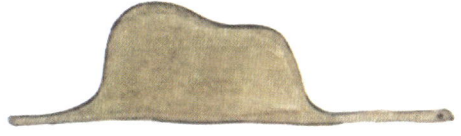

내가 어린아이였을 때, 정글에 관한 책 한 권에 빠진 적이 있었다. 그 책에는 커다란 뱀이 야생동물을 삼키는 그림이 실려 있었고, 나는 그 그림을 오래도록 머릿속에 그리며 생각했다. 얼마 후 나는 그 장면을 나만의 방식으로 그려 보았다. 하지만 내 그림을 본 어른들은 그거 모자 아니냐고 물어서 나를 슬프게 했다. 그래서 이번에는 뱀의 속이 보이도록 그림을 하나 더 그렸지만, 어른들은 이번에도 이해하지 못했고 차라리 지리를 공부하라고 충고했다. 그 일로 나는 그림을 그만두고, 나중에 비행사가 되기로 결심했다. 지리에 대한 내 지식 덕분에 그 꿈은 쉬워 보였다. 그 후로 많은 어른들을 만났지만 그들에 대한 내 생각은 변하지 않았다. 가끔 그들을 시험하기 위해 첫 번째 그림을 다시 보여 주었지만, 어른들의 대답은 항상 똑같이 '모자'였다. 그래서 나는 어른들을 기쁘게 해 주기 위해 다른 주제에 대해 이야기하곤 했다.

II

Everything is very small where I live.

For many years, I lived alone without anyone I could really talk to. Six years ago, my airplane broke down in the Sahara desert, and I had to fix it by myself. On the first evening, I fell asleep on the sand. At sunrise, I was woken up by a strange little voice asking me to draw a sheep. When I opened my eyes, I saw an extraordinary little boy looking at me seriously. I couldn't understand how he could be there, thousands of miles from any village.

I wanted to help the little fellow, but I struggled to draw a sheep because, as a child, I had only drawn big snakes, both from the outside and the inside. The little boy told me, "It's okay. Just draw me a sheep." So I did the best I could, but he wasn't happy with my drawing. He said, "No, no! I don't want an elephant inside a big snake! Big snakes are very dangerous, and an elephant takes up too much space. Everything is very small where I live. I just need a sheep."

After several failed attempts, I finally drew another picture and told him, "This is a box. The sheep you want is inside." This drawing pleased him, but he was still worried. "Do you think this sheep will need a lot of grass?" he asked. "Why?" I replied. "Because everything is so small where I come from," he explained. "I'm sure there will be enough," I said. "I drew

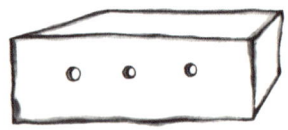

a very small sheep for you." He looked closely at my drawing. "Well, it's not that small…" And that's how I got to know the little prince.

수년 동안 나는 진정으로 대화를 나눌 사람이 없이 혼자 살아왔다. 6년 전, 내 비행기가 사하라 사막에서 고장이 났을 때에도 혼자 힘으로 수리해야 했다. 첫날 저녁, 나는 모래 위에서 잠이 들었고, 해가 떠오를 무렵 양 한 마리를 그려 달라는 이상한 작은 목소리 때문에 잠에서 깼다. 진지하게 나를 쳐다보고 있는 아주 특별한 어린 소년이 보였다. 마을은 물론 사람이라고는 수천 마일 떨어진 이 사막 한가운데에 그 아이가 있다는 사실이 도무지 이해되지 않았다.

나는 그 작은 아이를 돕고 싶었지만, 양을 그리는 일은 쉽지 않았다. 어렸을 때 내가 그려 본 그림이라고는 큰 뱀의 겉모습과 속모습뿐이었기 때문이다. 소년은 말했다. "괜찮아. 그냥 양 한 마리만 그려줘." 나는 최선을 다해 그려 보았지만, 그는 내 그림에 만족하지 않았다. "아니, 아니야! 큰 뱃속에 든 코끼리는 필요 없어! 큰 뱀은 아주 위험하고, 코끼리는 너무 많은 공간을 차지해. 내가 사는 곳은 모든 게 아주 작아. 나는 그냥 양 하나만 필요하단 말이야."

몇 번이나 실패한 끝에 나는 마침내 다른 그림을 그려 주며 말했다. "이건 상자야. 네가 원하는 양은 이 안에 있어." 그는 그 그림을 보고 기뻐했지만, 여전히 걱정스러운 표정이었다. "이 양은 풀을 많이 먹을까?" 하고 물었다. 내가 "왜 그러니?" 하고 묻자, 그는 "내가 온 곳은 모든 게 아주 작으니까."라고 대답했다. "분명히 충분할 거야. 내가 아주 작은 양을 그려주었으니까."라고 나는 말했다. 그는 내 그림을 한참 들여다보더니 중얼거렸다. "음, 그렇게 작진 않은데…." 바로 그렇게 나는 어린 왕자를 알게 되었다.

☆ III ☆

Ha! That's funny!

The little prince asked many questions, but he never seemed to answer mine. When he first saw my airplane, he wanted to know what it was. I explained that it was an airplane, and that I could fly in it. "What? You fell from the sky?" "Yes," I answered quietly. "Ha! That's funny!" he laughed cheerfully, which hurt my feelings.

He didn't seem worried; instead, he asked me what planet I came from. This made me realize he wasn't from Earth. When I asked about his home, he didn't reply but admired the sheep instead. I asked him where he wanted to take the sheep and suggested tying it up at night so it wouldn't run away. The little prince found this idea strange and said the sheep was so small that it wouldn't be a problem if it walked around freely. Looking sad, he added quietly that it couldn't go far anyway.

어린 왕자는 내게 여러 가지 질문을 쏟아냈지만, 내가 묻는 말에는 좀처럼 대답하지 않았다. 처음 내 비행기를 보았을 때, 그는 그것이 무엇인지 궁금해했다. 나는 그것이 비행기이며, 타고 하늘을 날 수 있다고 설명했다. "뭐라고? 하늘에서 떨어졌다고?" "그래." 하고 내가 조용히 대답하자, 그는 환하게 웃으며 말했다. "하! 정말 재미있네!" 그 즐거운 웃음에, 나는 괜히 마음이 조금 상했다.

　그는 전혀 걱정하는 기색이 없었고, 오히려 내가 어느 별에서 왔느냐고 물었다. 그 순간, 나는 그가 지구에서 온 존재가 아니라는 것을 깨달았다. 내가 그의 고향에 대해 물었지만, 그는 대답하지 않고 그저 양을 바라보며 감탄할 뿐이었다. 나는 그에게 양을 어디로 데려갈 생각인지 물으며, 밤에는 도망가지 않게 묶어 두라고 권했다. 어린 왕자는 내 말이 이상하다고 생각했다. 양이 너무 작아서 자유롭게 돌아다녀도 괜찮다는 것이다. 그리고 그는 슬픈 표정을 지으며 조용히 덧붙였다. 어차피 멀리 가지 못할 거라고.

☆ **IV** ☆

Forgetting a friend is very sad.

The little prince might have lived on the asteroid B-612, a tiny planet about the size of a house. Apart from the large planets, there are hundreds of smaller ones that are difficult to see, even with a telescope. These small planets don't have names—only numbers. Grown-ups usually care only about numbers. But people who truly understand life smile at numbers.

If you tell grown-ups, "The proof that the little prince was real is that he was charming, that he laughed, and that he wanted a sheep," they will only shrug and treat you like a child. But if you simply say the little prince came from asteroid B-612, they will be satisfied.

Six years have passed since my friend disappeared with his sheep. I'm describing him now so that I don't forget him. Forgetting a friend is very sad. Not everyone has had a true friend.

My friend never explained things to me. Maybe he thought I understood things the way he did. But now, I can't see the sheep through the box anymore. Perhaps I have become more like the grown-ups. Maybe I'm growing older.

어린 왕자는 아마 집 한 채만 한 아주 작은 소행성 B-612에서 살았던 것 같다. 커다란 행성들 외에도 수백 개의 작은 행성들이 있지만, 이들은 망원경으로도 발견하기 어렵다. 작은 행성들은 이름 대신 숫자로 구별된다. 어른들은 대개 이런 숫자에만 관심을 기울인다. 그러나 삶을 진정으로 이해하는 사람들은 숫자 따위에는 의미를 두지 않는다.

"어린 왕자가 실제로 존재했다는 증거는 그가 매력적이었고, 자주 웃었으며, 양을 원했다는 거예요."라고 말하면, 어른들은 어깨를 으쓱하며 당신을 어린아이 취급할 것이다. 하지만 그냥 어린 왕자가 소행성 B-612에서 왔다고 말하면 어른들은 금방 만족할 것이다.

내 친구가 양과 함께 사라진 지 벌써 6년이 지났다. 지금 내가 이렇게 그에 대해 이야기하는 것은 그를 잊지 않기 위해서다. 친구를 잊는 일만큼 슬픈 일은 없다. 누구나 진정한 친구를 만나는 건 아니니까.

내 친구는 나에게 아무것도 설명하지 않았다. 아마 내가 자신과 같은 방식으로 세상을 이해한다고 생각했던 것 같다. 하지만 이제 나는 더 이상 상자 속에 있는 양을 볼 수 없다. 어쩌면 나도 점점 어른들과 닮아가고 있는지 모른다. 아니면 그냥 나이를 먹어가고 있는 것인지도 모른다.

But with baobab trees, it always leads to disaster.

The little prince asked me, "Do sheep eat bushes?" I replied that they do and asked why he wanted to know. He explained the danger of baobab trees on his planet and why it was important to take care of them. That's because there are good plants and bad plants. The seeds of baobab trees are especially dangerous. If left unchecked, they can spread over the planet and destroy it completely.

The little prince advised me that it's good to fulfill my responsibilities, and he told me about a lazy person who lost his planet because he didn't take care of the baobabs. "Sometimes it doesn't matter if you put off your work. But with baobab trees, it always leads to disaster," the little prince warned me.

One day, he asked me to draw a nice picture of baobab trees so children could learn what they look like. You might wonder, "Why aren't there more great pictures in this book, like the one of the baobabs?" The answer is simple: I tried, but I didn't succeed. Still, when I drew the baobabs, I had the feeling it was something truly important.

어린 왕자가 내게 물었다. "양은 덤불을 먹어?" 나는 그렇다고 대답하며 왜 그게 궁금한지 되물었다. 그러자 그는 자기 별에 있는 바오밥나무의 위험성과, 그것들을 반드시 잘 관리해야 하는 이유를 설명해 주었다. 세상에는 좋은 식물과 나쁜 식물이 있는데, 특히 바오밥나무의 씨앗은 매우 위험하다고 했다. 방치하면 행성 전체에 퍼져서 별을 완전히 망가뜨릴 수도 있다는 것이다.

어린 왕자는 책임을 다하는 것이 얼마나 중요한지 이야기하며, 바오밥나무를 돌보지 않아 별을 잃어버린 게으른 사람 이야기를 들려주었다. "가끔은 일을 미뤄도 별일 없을 때가 있지만, 바오밥나무만큼은 언제나 재앙으로 이어져." 어린 왕자는 이렇게 경고했다.

어느 날 그는 아이들이 바오밥나무의 모습을 잘 알 수 있도록, 바오밥나무를 멋지게 그려 달라고 부탁했다. 여러분은 아마 '왜 이 책에는 바오밥나무처럼 멋진 그림이 더 많지 않을까?' 하고 궁금해할지도 모른다. 그 이유는 간단하다. 내가 여러 번 그려 봤지만 잘 되지 않았기 때문이다. 하지만 바오밥나무를 그릴 때만큼은, 정말 중요한 일이라는 확신이 들었다.

⭐ VI ⭐

You know, one loves the sunset, when one is so sad.

Oh, little prince, now I understand why your life was so sad. You loved sunsets because they brought you comfort. On your small planet, you could move your chair just a few steps to watch the sunset whenever you wanted. "One day," you said to me, "I saw the sunset forty-four times!" And a little later you added: "You know, one loves the sunset, when one is so sad..." "Were you so sad, then?" I asked, "on the day of the forty-four sunsets?" But you didn't answer me.

　아, 어린 왕자야, 이제야 네 삶이 왜 그토록 슬펐는지 알 것 같아. 너는 노을을 사랑했어, 노을은 너에게 위로가 되니까. 너의 작은 별에서는 의자를 몇 걸음만 옮기면, 언제든 원하는 만큼 노을을 바라볼 수 있었지. 어느 날, 넌 내게 말했어. "어떤 날은 노을을 마흔네 번이나 봤어!" 그리고 잠시 뒤에 덧붙였지. "그거 알지, 너무 슬플 땐 노을이 좋아져…." 그래서 내가 물었어. "마흔네 번이나 노을을 본 그날, 많이 슬펐어?" 하지만 너는 끝내 아무 대답도 하지 않았지.

# VII

Flowers are just trying to protect themselves.

One day, thanks to the sheep again, I discovered another secret in the little prince's life. He asked me very directly, "If sheep eat bushes, do they also eat flowers with thorns?" I explained to the little prince that sheep eat everything, even flowers with thorns. Then he asked me what the thorns were for. Irritated, I replied that thorns were useless and that they grew just to be mean. But the little prince disagreed. He said, "Flowers are just trying to protect themselves. In reality, they're very weak."

But I was annoyed and told him, "I have something more important to do right now. I have to fix my airplane." The little prince became angry and said, "You're talking just like a grown-up! You're ruining everything!" Then he explained to me why sheep and flowers were precious, especially one flower. He started to cry, and I fell deep into thought. I thought carefully about what truly mattered. Feeling bad, I promised him I would draw a muzzle for his sheep. Yet he kept crying, and I didn't know how to help him...

어느 날, 양 덕분에 나는 어린 왕자의 삶 속에 숨겨진 또 하나의 비밀을 알게 되었다. 그는 불쑥 이렇게 물었다. "양이 덤불을 먹는다면, 가시가 있는 꽃도 먹어?" 나는 양은 무엇이든 먹으며, 가시가 있는 꽃도 예외가 아니라고 설명했다. 그러자 그는 가시는 무엇을 위한 것이냐고 물었다. 짜증이 난 나는, 가시는 아무 쓸모도 없고 그저 심술궂게 자라는 것뿐이라고 대답했다. 하지만 어린 왕자는 고개를 저었다. "꽃들은 그저 스스로를 지키려는 거야. 사실 꽃들은 아주 약하거든."

그러나 나는 짜증스럽게 대꾸했다. "지금 나는 더 중요한 일이 있어. 비행기를 고쳐야 한다고." 그러자 어린 왕자는 화를 내며 말했다. "너는 지금 어른들처럼 말하고 있어! 모든 걸 망치고 있다고!" 그리고는 양과 꽃이 왜 소중한지, 특히 자신에게 단 하나뿐인 꽃이 얼마나 특별한지를 이야기했다. 곧 그는 울기 시작했고, 나는 깊은 생각에 잠겼다. 진짜 중요한 게 무엇인지 곰곰이 생각했다. 마음이 아파서 그의 양을 위해 입마개를 그려 주겠다고 약속했지만, 그는 여전히 울음을 멈추지 않았고, 나는 어떻게 위로해야 할지 몰랐다.

 VIII

You should never listen to a flower's words.

 Soon I learned more details about the little prince's flower. There had always been small flowers on his planet, but none as beautiful as this one. The little prince had discovered this special flower growing on his planet. He watched closely as it grew and carefully made itself beautiful. When it finally bloomed, the flower was very proud of her beauty. Oh yes, the flower was quite vain!

The flower troubled the little prince with her graceful vanity and small lies. She even asked him to put her under a glass dome at night. Although the little prince liked the flower, he soon began to doubt her.

But in the end, he realized his mistake. One day, he confessed to me: "I shouldn't have listened to what the flower said. You should never listen to a flower's words. Instead, you should simply look at them and breathe their fragrance. I should have judged her by her actions, not her words. I should never have run away. She gave me her perfume and lit up my planet for me. Behind her small tricks, I should have noticed her kindness. Flowers are full of contradictions! But back then, I was too young to know how to love her."

곧 나는 어린 왕자의 꽃에 대해 더 깊은 이야기를 들을 수 있었다. 그의 별에는 늘 작은 꽃들이 피었지만, 그중 어느 것도 이 꽃만큼 아름답지는 않았다. 어린 왕자는 자신의 별에 피어난 그 특별한 꽃을 발견했고, 꽃이 천천히 자라며 정성스레 자신을 아름답게 가꾸는 모습을 곁에서 지켜보았다. 마침내 꽃이 활짝 피었을 때, 그녀는 자신의 아름다움을 몹시 자랑스러워했다. 그렇다, 그 꽃은 꽤 허영심이 있는 편이었다.

꽃은 우아한 허영심과 작은 거짓말로 어린 왕자의 마음을 흔들어 놓았다. 심지어 밤이면 자신을 유리 덮개 아래에 두어 달라고 부탁하기도 했다. 어린 왕자는 그 꽃을 좋아했지만, 머지않아 그녀를 의심하기 시작했다.

하지만 결국 그는 자신의 실수를 깨달았다. 어느 날 그는 나에게 이렇게 고백했다. "꽃의 말을 들으면 안 돼. 꽃이 하는 말은 절대 그대로 믿지 말아야 해. 대신, 꽃을 바라보고 그 향기를 맡아야 해. 그녀의 말을 듣기보다 행동으로 판단했어야 했지. 떠나지 말았어야 하는데…. 그녀는 내게 향기를 주었고, 내 별을 환하게 밝혀주었어. 나는 그녀의 작은 속임수 뒤에 숨겨진 친절함을 눈치채야 했어. 꽃이란 원래 모순투성이니까. 하지만 그때 나는 너무 어려서 그녀를 사랑하는 법을 제대로 알지 못했지."

IX

She was indeed a very proud flower.

The little prince left his planet using a flock of wild birds. Before departing, he carefully cleaned his planet and tidied up his volcanoes. He also pulled out the last sprouts of the baobab trees. He felt sad because he thought he might never return. When he watered his flower one last time, he felt like crying. The flower told him she loved him and wished for him to be happy. She asked him to remove the glass dome and said, "The night breeze will be good for me. If I want to meet butterflies, I'll have to endure a few caterpillars. I'm not afraid of big animals either—I have my thorns."

As she said goodbye, the flower added, "Don't linger like this; it's annoying. You already decided to leave, so just go!" She didn't want him to see her cry. She was indeed a very proud flower.

 어린 왕자는 철새 떼를 타고 자신의 별을 떠났다. 떠나기 전, 그는 별을 깨끗이 청소하고 화산을 정리했으며, 마지막으로 바오밥나무의 새싹들을 모두 뽑아냈다. 다시는 돌아오지 못할지도 모른다는 생각에 슬픔이 차올랐다. 마지막으로 꽃에 물을 주면서 그는 눈물이 터질 것만 같았다. 그때 꽃은 어린 왕자에게 자신이 그를 사랑한다고 말하며, 그가 행복해지기를 빌어 주었다. 그리고 유리 덮개를 치워 달라고 부탁하며 이렇게 말했다. "밤바람이 내게 도움이 될 거야. 나비를 만나려면 애벌레쯤은 견뎌야지. 큰 동물도 두렵지 않아. 내겐 가시가 있으니까."

꽃은 작별 인사를 하며 덧붙였다. "그렇게 꾸물거리지 마. 짜증나니까. 이미 떠나기로 마음 먹었잖아. 그러니까 그냥 가!" 그녀는 어린 왕자 앞에서 울고 싶지 않았던 것이다. 정말이지, 자존심이 대단히 센 꽃이었다.

 **X**

Grown-ups are really strange!

The little prince visited several planets. On the first planet, he met a king who was obsessed with being king. The king insisted he ruled over everything—even the stars—and said he would never allow disobedience. The little prince asked him for a favor, saying, "I really want to see a sunset. Please make me happy by commanding the sun to set." But the king refused, explaining that he couldn't give orders that were impossible to obey.

The little prince became bored and wanted to leave. But the king didn't want him to go and offered to make him his Minister of Justice. The little prince answered, "But there's nobody here to judge!" "Then you can judge yourself," replied the king, adding that judging oneself was even harder than judging others. The little prince said, "I can judge myself wherever I am. I don't have to live here for that."

The king then thought of a rat that lived on the island. He suggested repeatedly sentencing the rat to death, only to pardon it afterward. But the little prince didn't like this idea and got ready to leave the planet. "I will make you my ambassador!" the king called after him. "Grown-ups are really strange!" the little prince murmured to himself as he continued on his journey.

어린 왕자는 여러 별을 여행했다. 첫 번째 별에서 그는 왕이라는 자리에 집착하는 한 왕을 만났다. 왕은 자신이 모든 것을 다스린다고 주장했는데, 심지어 별들까지도 자신의 통치 아래 있다고 말했다. 그리고 복종하지 않는 것은 절대 용납할 수 없다고 했다. 어린 왕자는 왕에게 부탁했다. "노을이 너무 보고 싶어요. 해가 지도록 명령해서 저를 행복하게 해 주세요." 그러나 왕은 지킬 수 없는 명령은 내리지 않는다며 거절했다.

어린 왕자는 점점 지루해졌고, 떠나고 싶어졌다. 하지만 왕은 그가 떠나는 것을 원치 않아 그를 법무 장관으로 임명하겠다고 제안했다. 어린 왕자가 말했다. "하지만 여긴 재판할 사람이 없는 걸요!" 그러자 왕은 "그렇다면 너 자신을 심판하면 된다."고 답하며, 자신을 심판하는 것이 다른 사람을 심판하는 것보다 훨씬 어렵다고 덧붙였다. 어린 왕자는 "전 어디서든 저 자신을 심판할 수 있어요. 그것 때문에 여기 살 필요는 없어요."라고 말했다.

그러자 왕은 별에 사는 쥐 한 마리를 떠올리며, 그 쥐에게 사형을 선고했다가 사면하는 것을 반복하면 된다고 제안했다. 하지만 어린 왕자는 그게 별로 마음에 들지 않았고, 떠날 준비를 했다. 왕은 어린 왕자를 붙잡으려 "내가 너를 내 대사로 임명하겠다!" 라고 소리쳤다. 어린 왕자는 여행을 계속하며 혼잣말을 했다. "어른들이란 정말 이상해!"

Grown-ups are truly strange!

On the second planet lived a conceited man. The conceited man was delighted to have the little prince visit him, and immediately explained about his hat, which he used to greet anyone who admired him. "Please clap your hands once," asked the man. The little prince did as requested. Then, the man lifted his hat gracefully to greet him. They repeated this game several times, but finally, the little prince became bored.

"What do I need to do to make the hat fall off?" asked the little prince. But conceited people only listen to praise. All the man wanted was for someone to tell him, "You are the most handsome and intelligent person on this planet." Eventually, the little prince said these words, and then left once again. "Grown-ups are truly strange!" he thought, continuing his journey.

두 번째 별에는 허영심 많은 남자가 살고 있었다. 그는 어린 왕자가 찾아오자 몹시 기뻐하며, 자신을 칭찬하는 사람에게 인사할 때 쓰는 모자에 대해 먼저 설명했다. 그러고는 "박수를 한 번만 쳐주세요." 하고 부탁했다. 어린 왕자가 부탁대로 박수를 치자, 남자는 우아하게 모자를 들어 인사했다. 그들은 이 놀이를 몇 번이고 반복했지만, 어린 왕자는 금세 지루해졌다.

"어떻게 해야 모자가 내려와요?" 어린 왕자가 물었지만, 허영심 많은 사람은 그저 칭찬에만 귀를 기울였다. 그가 원하는 건 오직 누군가가 "당신은 이 별에서 가장 멋지고 똑똑한 사람이에요."라고 말해주는 것뿐이었다. 결국 어린 왕자는 그대로 말해주고는 다시 길을 떠났다. 여행을 이어가며 그는 속으로 생각했다. "어른들이란 정말 이상해!"

 XII

To forget that I'm ashamed.

On the next planet lived a man who drank too much. It was a very short visit. "What are you doing there?" the little prince asked the man. "I drink to forget," the man replied. The little prince wanted to know more. "To forget what?" The man confessed, "To forget that I'm ashamed." The little prince, wanting to help, asked gently, "What are you ashamed of?" The man admitted sadly, "I'm ashamed of drinking!" Then he fell silent and said nothing more. Confused and troubled, the little prince quickly continued on his journey. "Grown-ups really are very strange!" he thought.

다음 별에는 술을 지나치게 많이 마시는 사람이 살고 있었다. 이곳에서의 만남은 아주 짧았다. "거기서 뭘 하고 있는 거예요?" 어린 왕자가 물었다. "난 잊기 위해 술을 마시지." 그가 대답했다. 어린 왕자는 궁금해져 다시 물었다. "무엇을 잊으려고요?" 그러자 그는 고백했다. "내가 부끄럽다는 걸 잊으려고." 어린 왕자는 그를 돕고 싶은 마음에 부드럽게 물었다. "뭐가 그렇게 부끄러운데요?" 남자는 슬프게 대답했다. "술을 마시는 게 부끄러워." 그 말 뒤로 그는 아무 말도 하지 않았다. 혼란스럽고 마음이 무거워진 어린 왕자는 서둘러 다시 여행길에 올랐다. 그는 생각했다. "어른들이란 정말 너무 이상해!"

☆ XIII ☆

My volcanoes and my flower are better off because I own them.

On the fourth planet, there was a businessman who had no time to pay attention to the little prince. He was busy counting stars, claiming to own over five hundred million of them, which made him feel very rich. He believed that if you thought of something first, it belonged to you. But the little prince wasn't impressed by this idea. After all, stars aren't like scarves—you can't just pick them up and carry them around.

The businessman said he could put the stars in a bank. "What does that mean?" asked the little prince. "It means I write down the number of stars on a piece of paper, and then put the paper safely in a drawer," replied the businessman. "That's all?" the little prince asked. "That's enough!" "That's funny," said the little prince softly.

Then he murmured, "I have a flower that I water every day. I also have three volcanoes that I clean every week. My volcanoes and my flower are better off because I own them. But this man isn't useful at all to his stars." The businessman opened his mouth, but didn't know what to say. So, the little prince left. "Grown-ups really are very odd," he thought.

　네 번째 별에는 어린 왕자에게 전혀 관심을 두지 않는 사업가가 살고 있었다. 그는 별을 세느라 바빴고, 자신이 오억 개가 넘는 별을 소유하고 있다고 주장하며 부자가 된 기분에 젖어 있었다. 그는 무언가를 가장 먼저 생각해 내면 그것이 자기 소유가 된다고 믿었다. 하지만 어린 왕자는 그런 생각에 조금도 감명받지 않았다. 별은 목도리처럼 손에 들고 다닐 수 있는 물건이 아니기 때문이다.

　사업가는 별을 은행에 넣어둘 수 있다고 했다. 어린 왕자가 물었다. "그건 무슨 뜻이에요?" 사업가는 "내가 가진 별의 갯수를 종이에 적어서 서랍 속에 안전하게 넣어 두는 거지."라고 대답했다. "그게 다인가요?" 어린 왕자가 물었다. "그러면 충분하지!" 어린 왕자는 조용히 말했다. "참 이상하네."

　그러고는 혼잣말로 중얼거렸다. "나는 매일 물을 주는 꽃 한 송이가 있고, 매주 청소하는 화산이 세 개 있어. 내 꽃과 화산은 내 돌봄을 받아서 잘 지내고 있지.. 그런데 이 사람은 자기 별들에게 아무 쓸모도 없잖아." 사업가는 입을 벌렸지만 무슨 말을 해야 할지 몰랐다. 그래서 어린 왕자는 다시 길을 떠났다. 그는 속으로 생각했다. "어른들이란 정말 너무나 이상해."

XIV

If you want to enjoy the sunlight, you only have to walk more slowly.

The little prince visited the fifth planet, where he met a lamplighter who was turning a street lamp on and off according to the rules. The planet was spinning so quickly that the lamplighter never had a moment's rest. The little prince suggested, "This planet is so small you could circle it in just three steps. If you want to enjoy the sunlight, you only have to walk more slowly." But the lamplighter wasn't interested because he preferred sleeping to walking slowly.

Although the lamplighter seemed strange, the little prince liked him because he wasn't self-centered. The little prince wanted to stay longer on this planet, but it was far too small for two people. With a regretful sigh, he thought, "This man is the only one I could have as a friend, but his planet is truly too tiny."

Then the little prince felt something he couldn't admit, even to himself. This planet had the extraordinary feature of 1,440 sunsets every 24 hours—that was what he liked most of all.

어린 왕자는 다섯 번째 별을 방문했다. 그곳에는 규칙에 따라 가로등을 켰다 껐다 하는 가로등지기가 살고 있었다. 이 별은 너무 빨리 돌아서 가로등지기가 쉴 틈이 전혀 없었다. 어린 왕자는 그에게 말했다. "이 별은 너무 작아서 세 걸음이면 한 바퀴를 돌 수 있어요. 햇빛을 오래 즐기고 싶다면 천천히 걸으면 되잖아요." 그러나 가로등지기는 천천히 걷는 것보다 잠을 자는 쪽을 더 좋아했기에 그 말에 관심을 보이지 않았다.

어린 왕자는 가로등지기가 조금 이상하다고 생각했지만, 그가 마음에 들었다. 그는 자기 자신만 생각하는 사람이 아니었기 때문이다. 어린 왕자는 이 별에 더 머물고 싶었으나, 두 사람이 살기엔 별이 너무 작았다. 그는 안타깝게 생각했다. "이 사람은 내가 친구로 삼을 수 있는 유일한 사람인데, 별이 너무 작네."

그리고 어린 왕자는 스스로도 인정하기 힘든 감정을 느꼈다. 이 별에서는 하루에 무려 1,440번의 석양을 볼 수 있었고, 사실 그것이야말로 그가 이 별을 가장 좋아한 이유였다.

XV

It means something that will soon disappear.

The little prince went to the sixth planet, where he met a geographer who wrote enormous books. The geographer explained to the little prince that he was a scholar who knew the locations of seas, rivers, cities, mountains, and deserts. The little prince asked him about his own planet. However, the geographer couldn't provide any information because he lacked the spirit of exploration. He relied entirely on explorers, always demanding proof of their discoveries.

The geographer was interested in hearing about the little prince's planet. As the prince described it, he mentioned his three volcanoes and the flower. But the geographer refused to record the flower, explaining that it was "ephemeral." Geography books only record permanent things. The little prince asked, "What does ephemeral mean?" "It means something that will soon disappear," the geographer answered.

"My flower will disappear," the little prince said softly to himself. "And I left my flower all alone on my planet." At that moment, for the first time, he felt deep regret. Nevertheless, he asked the geographer, "Where do you think I should go next?" "Visit the planet called Earth," the geographer replied. So the little prince continued his journey, lost in thought about his flower.

 어린 왕자는 여섯 번째 별로 향했다. 그곳에서 그는 거대한 책을 쓰고 있는 지리학자를 만났다. 지리학자는 자신을 바다와 강, 도시, 산, 사막의 위치를 알고 있는 학자라고 소개했다. 어린 왕자는 그에게 자신의 별에 대해 물었지만, 탐험 정신이 없는 지리학자는 아무런 정보도 줄 수 없었다. 그는 언제나 다른 탐험가들의 보고에만 의존했고, 반드시 그들의 발견에 대한 증거를 요구했다.

지리학자는 어린 왕자의 별 이야기에 관심을 보였다. 어린 왕자가 세 개의 화산과 한 송이 꽃에 대해 말하자, 지리학자는 꽃은 기록하지 않는다고 했다. 그것은 "덧없이 사라지는 것"이기 때문이었다. 지리책에는 영원히 남는 것만 기록한다는 것이었다. "덧없다는 게 무슨 뜻인가요?" 어린 왕자가 물었다. 지리학자가 대답했다. "곧 사라져 버린다는 뜻이지."

"내 꽃도 사라지겠지." 어린 왕자는 혼잣말처럼 조용히 말했다. "그리고 나는 내 꽃을 별에 혼자 두고 떠나왔어." 그 순간, 그는 처음으로 깊은 후회를 느꼈다. 그럼에도 불구하고, 그는 지리학자에게 물었다. "다음엔 어디로 가는 게 좋을까요?" 지리학자가 대답했다. "지구라는 별을 방문해 보렴." 그래서 어린 왕자는 꽃에 대한 생각에 깊이 빠진 채 다시 여행길에 올랐다.

☆ XVI ☆

They only had to work twice a year.

The seventh planet was Earth, and it was home to a huge number of people, including 111 kings, 7,000 geographers, 900,000 businessmen, 7.5 million drinkers, and 311 million conceited people.

Long ago, it took 462,511 lamplighters to illuminate the streets across all six continents. The lamplighters started lighting their lamps one by one, beginning in New Zealand and Australia and ending in North America. Only the lamplighters at the North Pole and his colleague at the South Pole had relaxed lives. They only had to work twice a year.

일곱 번째 별은 지구였다. 그곳에는 셀 수 없이 많은 사람들이 살고 있었는데, 왕이 111명, 지리학자가 7,000명, 사업가가 90만 명, 술꾼이 750만 명, 그리고 허영심 많은 사람이 무려 3억 1천1백만 명이나 되었다.

　예전에는 여섯 대륙의 거리를 모두 밝히기 위해 462,511명의 가로등지기가 필요했다. 그들은 뉴질랜드와 호주에서부터 시작해, 차례로 가로등에 불을 켜며 북아메리카에 이르렀다. 오직 북극과 남극의 가로등지기들만 비교적 한가한 생활을 했는데, 그들은 1년에 단 두 번만 일을 하면 되었기 때문이다.

Earth is so big that people can often feel very lonely here.

Sometimes we tell small lies to seem wise. When I told you about the lamplighters, I wasn't entirely truthful. Because humans actually take up very little space on Earth, my story might have given you a wrong idea about our planet. If two billion people stood close together, a public square of just twenty square miles would be enough to hold them. The Earth itself is much larger.

The little prince landed in Africa, on planet Earth, and there he met a yellow snake. He asked about the people living there. The snake answered, "Earth is so big that people can often feel very lonely here." The snake then offered to help him. "You seem very weak on this planet made of granite. If you ever feel homesick for your own planet, I can help you. I can send you back home." "Ah, now I understand," replied the little prince. And then they both fell silent.

　가끔 우리는 현명해 보이기 위해 작은 거짓말을 하곤 한다. 나도 가로등지기 이야기에서, 완전히 진실만을 얘기하지는 않았다. 사실 인간이 지구에서 차지하는 면적은 아주 작기 때문에, 내 이야기가 우리 지구에 대해 잘못된 생각을 심어 줄 수도 있다. 20억 명의 사람이 서로 바짝 붙어 선다면, 20제곱마일 남짓한 광장에 모두 들어갈 수 있을 것이다. 지구는 그보다 훨씬 더 크다. 어린 왕자는 지구의 아프리카에 도착했고, 그곳에서 노란 뱀을 만났다. 그는 뱀에게 지구에 사는 사람들에 대해 물었다. 뱀은 대답했다. "지구는 너무 넓어서 사람들은 종종 아주 외롭단다." 그리고 어린 왕자에게 도움을 줄 수 있다고 말했다. "이 단단한 화강암으로 된 별 위에서 넌 아주 연약해 보이는구나. 네 별이 그리워진다면 내가 도와줄 수 있어. 너를 다시 집으로 보내 줄 수 있단다." 어린 왕자는 "아, 이제 알겠어."라고 말했다. 그리고 둘은 함께 조용히 침묵에 잠겼다.

☆ XVIII ☆

They don't have roots, which causes them trouble.

The little prince walked through the desert and came across a flower—a very small flower. "Hello," said the little prince. "Hello," replied the flower. "Where are the people?" the little prince asked politely. The flower had once seen a group of people passing by. "People? I think there are about six or seven of them. I saw them, but that was years ago. You can never tell where to find them. The wind blows them around. They don't have roots, which causes them trouble." Then they said goodbye to each other.

어린 왕자는 사막을 걷다가 아주 작은 꽃 한 송이를 만났다. "안녕." 하고 어린 왕자
가 말했다. "안녕하세요."라고 꽃이 대답했다. "사람들은 어디 있어요?" 어린 왕자가 정
중히 물었다. 꽃은 오래전에 사람들 무리가 지나가는 것을 본 적이 있었다. "사람들이
요? 아마 여섯이나 일곱 명쯤 될 거예요. 본 적이 있긴 하지만, 그건 벌써 몇 년 전 일이
에요. 어디에서 그들을 찾을 수 있는지는 아무도 몰라요. 사람들은 바람에 이리저리 날
려 다니거든요. 뿌리가 없어서 고생이죠." 그리고 그들은 서로 작별 인사를 나누었다.

✬ XIX ✬

What a strange planet!

The little prince climbed a high mountain to see the whole planet and all its people, but all he could see were rocky peaks. Without thinking, he called out, "Hello!" and an echo replied exactly the same way. "I'm all alone," he said to the echo. "Will you be my friend?" But the echo simply repeated his words. The little prince thought the people of this planet had no imagination. "What a strange planet!" he thought. "On my planet, I had a flower. She was always the one who spoke first…"

어린 왕자는 지구 전체와 그곳에 사는 사람들을 보기 위해 높은 산에 올랐지만, 눈앞에 펼쳐진 것은 끝없이 이어진 바위투성이 봉우리뿐이었다. 그는 무심코 "안녕!" 하고 외쳤고, 메아리가 똑같이 "안녕!" 하고 되돌아왔다. "나는 혼자야." 그가 말하자, 메아리는 그대로 "나는 혼자야." 하고 따라 했다. "내 친구가 되어 줄래?"라고 물었지만, 메아리는 또다시 똑같은 말만 반복했다. 어린 왕자는 이 별에 사는 사람들은 상상력이 없다고 생각했다. "참 이상한 별이야!" 그는 생각했다. "내 별엔 꽃 한 송이가 있었지. 언제나 먼저 말을 걸어주던 꽃이었는데…."

☆ XX ☆

That doesn't make me a great prince at all.

After crossing sand, rocks, and snow, the little prince finally found a path leading to a garden full of blooming roses. The little prince was surprised because the roses looked exactly like his flower. He became very sad, since his flower had told him she was the only one of her kind in the universe. "If my flower saw this, she would be very upset," he thought. Then he said softly to himself, "I believed I was rich because of my unique flower. But all I have is an ordinary rose and three volcanoes that only reach up to my knees—and one of them might even be permanently extinct. That doesn't make me a great prince at all..." Then he lay down on the grass and began to cry.

　모래와 바위, 그리고 눈 덮인 곳들을 지나 어린 왕자는 마침내 활짝 핀 장미가 가득한 정원으로 이어지는 길을 발견했다. 왕자는 그 장미들이 자기의 꽃과 똑같이 생긴 것을 보고 깜짝 놀랐다. 그는 이내 깊은 슬픔에 잠겼다. 그의 꽃은 스스로 우주에서 단 하나뿐인 특별한 꽃이라고 말했기 때문이다. "내 꽃이 이걸 봤다면 정말 속상해했을 거야." 어린 왕자는 속으로 생각했다. 그리고 조용히 혼잣말을 했다. "나는 내 특별한 꽃 덕분에 부자라고 믿었는데, 사실 내가 가진 건 평범한 장미 한 송이와 무릎 높이밖에 되지 않는 화산 세 개뿐이야. 게다가 그중 하나는 영영 꺼져 있을지도 모르잖아. 고작 그걸로는 대단한 왕자가 될 수 없잖아…" 그렇게 그는 풀밭에 몸을 눕히고는 울음을 터뜨렸다.

What is essential is invisible to the eyes.

At that moment, a fox appeared. "Hello," said the fox. "Hello," answered the little prince politely. He looked around but couldn't see anyone. "I'm right here," the voice said again, "under the apple tree." The fox explained to the little prince what it meant to "tame" someone. "If you tame someone, you become special to each other." Then the fox asked the little prince to tame him. But the little prince hesitated—he didn't have enough time, as he wanted to discover many things and find friends. "People don't have friends anymore because they don't tame each other," said the fox. Hearing this, the little prince decided to tame the fox. "What should I do?" asked the little prince. "You need patience," answered the fox. "Every day you'll sit a little closer to me." The next day, the little prince returned. "It would have been better if you'd come at the same time as yesterday," said the fox. "For example, if you come at four in the afternoon, I'll start feeling happy from three. But if you come at random times, I'll never know when to prepare myself. There must be rules." And so, the fox was tamed by the little prince.

Later, the little prince looked again at the roses and thought, "My flower looks just like all of you, but she's still special and precious to me. Because I watered her, and because she's the one who tamed me."

Finally, it was time to say goodbye. "Goodbye," said the little prince. "Goodbye," said the fox. Then he added softly, "The secret of friendship is very simple. You can only see clearly with your heart. What is essential is invisible to the eyes. Your rose is special because you've given your time to her. People have forgotten this, but you must always remember it. You're responsible for your rose..."

바로 그때, 여우 한 마리가 나타났다. "안녕." 여우가 말했다. "안녕." 어린 왕자가 정중히 대답했다. 그는 주위를 둘러보았지만 아무도 보이지 않았다. "난 여기 있어." 여우가 다시 말했다. "사과나무 아래에." 여우는 어린 왕자에게 누군가를 '길들인다'는 것이 무엇을 의미하는지 설명했다. "누군가를 길들이면, 서로에게 세상에 단 하나뿐인 특별한 존재가 되는 거야." 그러고 나서 여우는 어린 왕자에게 자신을 길들여 달라고 부탁했다. 하지만 어린 왕자는 망설였다. 그는 시간이 충분하지 않았고, 더 많은 것을 발견하며 친구를 찾고 싶었다. 그러자 여우가 말했다. "사람들에게 더 이상 친구가 없는 이유는, 서로를 길들이지 않기 때문이야." 그 말을 들은 어린 왕자는 여우를 길들이기로 결심했다. "내가 뭘 하면 돼?" 어린 왕자가 물었다. "참을성이 필요해." 여우가 대답했다. "매일 조금씩, 어제보다 조금 더 가까이 다가와 앉는 거야." 다음 날 어린 왕자가 다시 찾아오자, 여우가 말했다. "어제와 같은 시간에 왔으면 더 좋았을 텐데. 예를 들어 네가 오후 네 시에 온다면, 나는 세 시부터 행복해지기 시작할 거야. 하지만 아무 때나 온다면, 언제 마음의 준비를 해야 할지 알 수 없잖아. 규칙이 필요해." 그렇게 해서 어린 왕자는 여우를 길들였다.

시간이 흐른 뒤, 어린 왕자는 다시 장미들을 바라보며 생각했다. "내 꽃은 저 장미들과 똑같이 생겼지만, 그래도 나에겐 특별하고 소중해. 내가 물을 주었고, 그 꽃이 나를 길들였으니까."

마침내 이별의 순간이 왔다. "잘 있어." 어린 왕자가 말했다. "잘 가." 여우가 대답했다. 그러고는 조용히 덧붙였다. "우정의 비밀은 아주 간단해. 마음으로 보아야만 또렷하게 볼 수 있어. 정말 중요한 건 눈에 보이지 않지. 네 장미가 특별한 이유는 네가 그 꽃을 위해 시간을 썼기 때문이야. 사람들은 이걸 잊어버렸지만, 너는 꼭 기억해야 해. 너는 네 장미에 대해 책임이 있어…."

★ XXII ★

Only children know exactly where they want to go.

Next, the little prince met a railway switchman who guided travelers onto trains. Some trains went to the right, others to the left. The switchman didn't really know where the people were going. Just then, a loud train rushed past them in the opposite direction. "Are they coming back already?" asked the little prince. "No, they're not the same people," replied the switchman. "They're different." "Were they unhappy with the place they were before?" the little prince wondered. "People are never satisfied with where they are," the switchman answered. Then he added, "The travelers either sleep or yawn on the trains. Only the children press their noses against the windows." "Only children know exactly where they want to go," said the little prince, "and they're happy with their toys." "Yes," said the switchman, "children are happy."

다음으로 어린 왕자는 여행객들을 기차에 안내하는 선로 전환원을 만났다. 어떤 기차는 오른쪽으로, 어떤 기차는 왼쪽으로 달려갔다. 선로 전환원은 사람들이 정확히 어디로 가는지 알지 못했다. 그 때, 굉음과 함께 열차가 반대 방향으로 빠르게 스쳐 지나갔다. "저 사람들은 벌써 돌아오는 거예요?" 어린 왕자가 물었다. "아니, 같은 사람들이 아니야." 선로 전환원이 대답했다. "다른 사람들이지." "그럼 원래 있던 곳이 마음에 안 들었던 건가요?" 어린 왕자가 물었다. "사람들은 자기들이 있는 곳에 결코 만족하지 않아." 선로 전환원이 말했다. 그리고는 덧붙였다. "여행객들은 기차 안에서 자거나 하품만 해. 창문에 코를 바짝 대고 밖을 바라보는 건 오직 아이들뿐이지." "아이들만이 자신이 가고 싶은 곳을 정확히 알고 있네요." 어린 왕자가 말했다. "그리고 아이들은 자기 장난감이 있으면 행복하고요." "맞아." 선로 전환원이 고개를 끄덕였다. "아이들은 행복하지."

☆ XXIII ☆

If I had fifty-three minutes to spend,
I'd walk very slowly toward a well.

Next, the little prince met a merchant. "Hello," said the little prince politely. "Hello," replied the merchant. He was selling special pills that made thirst disappear. If you swallowed one pill, you wouldn't need to drink water for a whole week. "Why are you selling these?" asked the little prince. "Because they save people a lot of time—exactly fifty-three minutes a week," replied the merchant. "And what do people do with those fifty-three minutes?" "Anything they like," said the merchant. The little prince thought quietly to himself, "If I had fifty-three minutes to spend, I'd walk very slowly toward a well..."

다음으로 어린 왕자는 한 상인을 만났다. "안녕하세요." 어린 왕자가 예의바르게 인사했다. "안녕." 상인이 대답했다. 그는 갈증을 없애주는 특별한 알약을 팔고 있었다. 그 알약 하나만 먹으면 일주일 내내 물을 마실 필요가 없었다. "이걸 왜 파는 거예요?" 어린 왕자가 물었다. 상인은 "사람들의 시간을 절약해 주거든. 정확히 말하면 일주일에 53분을 아낄 수 있지."라고 대답했다. "그럼 사람들은 그 53분을 가지고 뭘 하는데요?" 어린 왕자가 다시 물었다. "뭐든 자기가 원하는 일을 하지." 상인이 말했다. 어린 왕자는 잠시 조용히 생각했다. '내게 53분이 주어진다면, 나는 아주 천천히 우물을 향해 걸어갈 텐데…'

⭐ XXIV ⭐

I'm glad you share my fox's way of seeing things.

It was now the eighth day since I had my accident in the desert, and I had listened to the story of the merchant as I was drinking the last drop of my water supply. So we decided to search for a well. We walked for hours without saying a word, and when darkness came, the stars began to shine. "The stars are beautiful," said the little prince, "because they remind me of a flower we can't see." "That's true," I replied, quietly watching the shapes of the sand under the moonlight. "The desert is beautiful because somewhere there's a hidden well," said the little prince again. "Yes," I agreed. "What makes stars or the desert truly beautiful is something we can't see." He smiled. "I'm glad you share my fox's way of seeing things."

The little prince was so tired that I lifted him up and carried him in my arms. It felt as if I was holding a fragile and precious treasure. Indeed, I couldn't imagine anything more delicate on Earth. Even asleep, his half-open lips gently smiled. As I watched him, I thought, "What touches me deeply about this sleeping little prince is his constant love for his flower. Even in his sleep, the image of his flower shines brightly within him." When the sun finally began to rise, we discovered the well at last.

　내가 사막에서 사고를 당한 지 여드레째 되던 날, 나는 상인의 이야기를 들으며 남아 있던 물의 마지막 한 방울까지 마셔 버렸다. 그래서 우리는 우물을 찾아 나서기로 했다. 우리는 몇 시간 동안 아무 말 없이 걸었고, 어둠이 내리자 별들이 하나둘 빛나기 시작했다. "별이 아름다운 건" 어린 왕자가 말했다. "우리 눈에 보이지 않는 꽃 한 송이를 떠올리게 하기 때문이야." "맞아." 나는 달빛 아래 드러난 모래의 부드러운 윤곽을 바라보며 대답했다. 어린 왕자가 다시 말했다. "사막이 아름다운 건 어딘가에 우물이 숨어 있기 때문이지." "그래." 나도 고개를 끄덕였다. "별이든 사막이든, 그것들을 진정으로 아름답게 하는 건 눈에 보이지 않아." 그러자 그는 미소 지었다. "네가 세상을 바라보는 관점이 내 여우와 같아서 기뻐."

　어린 왕자는 너무 지쳐 있었기에, 나는 그를 품에 안고 걸었다. 마치 부서질 듯 연약하고도 소중한 보물을 안고 가는 듯한 느낌이었다. 지구 위에서 이보다 더 섬세한 존재는 없을 것 같았다. 잠든 그의 입술은 살짝 벌어져 있었고, 잔잔한 미소가 감돌고 있었다. 나는 그 모습을 바라보며 생각했다. 잠자는 어린 왕자가 내 마음에 깊은 감동을 주는 건, 그가 자기 꽃을 한결같이 사랑하기 때문이야. 잠들어 있을 때에도, 그 꽃의 모습이 왕자의 마음 속에서 환하게 빛나고 있잖아. 마침내 해가 떠오르기 시작했을 때, 우리는 드디어 우물을 발견했다.

They should learn to search with their hearts.

The well we reached was unusual. It looked like a village well, even though there was no village nearby. The little prince smiled and took hold of the rope, pulling the bucket up. "Listen," he said gently. "We woke up the well, and now it's singing..." I didn't want him to tire himself out, so I offered to do it instead. "Let me handle it," I said. "It's too heavy for you."

I pulled up the bucket and handed him some water to drink. He drank the water, and it tasted wonderful, filling him with joy. Then the little prince said thoughtfully, "People grow five thousand roses in a single garden, but they still can't find what they're looking for. They should learn to search with their hearts."

Afterwards, the little prince reminded me of the muzzle I promised to draw for his sheep. So I drew the muzzle and gave it to him. As I handed it over, I felt my heart tighten. "You're planning something, aren't you? Something I don't know about..." But he didn't answer.

I asked the little prince if the reason he was walking around here was because it was exactly one year since he fell to Earth. His face turned red, and he replied softly, "You should go back to your airplane now. I'll wait here." Suddenly, I remembered the fox. I had been tamed, too.

우리가 도착한 우물은 평범하지 않았다. 마치 마을 한가운데 있는 우물 같았지만, 근처에는 마을이라고는 전혀 없었다. 어린 왕자는 미소를 지으며 밧줄을 잡고 양동이를 끌어올렸다. "소리를 들어봐." 그가 부드럽게 말했다. "우리가 우물을 깨웠더니, 우물이 노래하고 있어…." 나는 어린 왕자가 지쳐 버릴까 봐 내가 대신 하겠다고 나섰다. "내가 할게. 너에겐 너무 무거워."

　나는 양동이를 끌어 올려 그에게 물을 떠주었다. 그는 물을 마셨다. 물맛은 참으로 근사했고, 마시는 순간 그의 얼굴에 기쁨이 번졌다. 그러고 나서 그는 잠시 생각에 잠기더니 말했다. "사람들은 정원 하나에 장미를 오천 송이나 심어놓고도, 정작 찾고 싶은 건 못 찾지. 마음으로 찾는 법을 배워야 해."

　그 뒤 어린 왕자는 내가 양을 위해 그려주기로 약속했던 입마개 이야기를 했다. 나는 입마개를 그려 건네주었다. 그림을 건네는 순간, 나는 가슴이 먹먹해졌다. "너 뭔가 계획하고 있는 거지? 내가 알지 못하는 무언가…." 그러나 그는 아무 대답도 하지 않았다.

　나는 어린 왕자에게, 혹시 지금 이 근처를 걷고 있는 이유가 지구에 떨어진 지 정확히 1년이 되었기 때문인지 물었다. 왕자는 얼굴을 붉혔고, 내게 부드럽게 답했다. "이제 네 비행기로 돌아가. 난 여기서 기다릴게." 그 순간, 문득 여우가 떠올랐다. 나 역시 길들여져 있었던 것이다.

☆ XXVI ☆

What's important is invisible.

When I returned from working that evening, I saw the little prince sitting on an old stone wall next to the well. He was speaking with someone. I overheard him say, "This place isn't exactly right. Wait for me here. I'll come back tonight. You'll see my footprints in the sand. You have good poison, don't you? It won't take long, will it?"

Suddenly, I noticed a yellow snake. I rushed toward him, but the snake quickly disappeared. The little prince was trembling, weak as a dying bird. I lifted him gently down from the wall and held him carefully. He was very afraid.

"I'm going home," he told me softly. "Your airplane is fixed, so you should go home, too." He spoke again of his planet, directly above the spot where he fell to Earth last year. I asked if the story about the snake and the star was just a nightmare. But he quietly replied, "What's important is invisible—just like the flower growing on my star." Then he smiled. Oh, how I loved his smile!

"You'll always be my friend," he continued. "You'll always want to laugh with me. And your friends will be surprised when they see you looking up at the sky, laughing." He laughed again, then suddenly became serious. "Don't come tonight. If you see me tonight, you'll think I'm dead. But that won't be true."

Yet, that night, I stayed by his side anyway. As he tried to comfort me, I sat silently beside him. I could feel his fear. We both sat down on the sand and cried. I couldn't stand up anymore. After a moment of hesitation, he slowly stood. He took a single step. I couldn't move. Near his ankle, there was a flash of yellow light. He paused for just a moment, and he made no sound at all. Then, softly, like a tree falling, he sank gently to the ground. Because of the sand, there wasn't even the slightest sound.

그날 저녁, 일을 마치고 돌아왔을 때 나는 어린 왕자가 우물 옆 오래된 돌담 위에 앉아 있는 모습을 보았다. 그는 누군가와 대화를 나누고 있었고, 나는 우연히 그의 목소리를 들었다. "여긴 적절한 장소가 아니야. 여기서 기다려줘. 오늘 밤 다시 올게. 내 발자국을 모래 위에서 보게 될 거야. 너는 좋은 독을 가지고 있지? 오래 걸리진 않겠지?" 그 순간, 나는 노란 뱀을 발견했다. 나는 급히 달려갔지만 뱀은 순식간에 사라졌다. 어린 왕자는 떨고 있었고, 죽어가는 새처럼 연약했다. 나는 그를 조심스레 돌담에서 내려 품에 안았다. 그는 몹시 두려워하고 있었다.

"난 이제 집으로 돌아갈 거야." 왕자는 조용히 말했다. "비행기가 고쳐졌으니, 너도 이제 집으로 돌아가야 해." 그리고는 작년에 지구로 떨어진 바로 그 지점 위에 있는 자기 별 이야기를 다시 꺼냈다. 내가 뱀과 별에 관한 이야기는 그냥 악몽이었던 거 아니냐고 묻자, 그는 조용히 대답했다. "정말 중요한 건 눈에 보이지 않아. 내 별에 피어 있는 꽃처럼." 그리고는 미소를 지었다. 아, 내가 그 미소를 얼마나 사랑했던가.

그가 다시 말했다. "넌 언제까지나 내 친구일 거야. 언제나 나와 함께 웃고 싶어지겠지. 네가 하늘을 올려다보며 웃는 모습을 친구들이 본다면 깜짝 놀랄 거야." 그는 웃었지만, 곧 진지해졌다. "오늘 밤엔 오지 마. 오늘 밤 날 보면 내가 죽었다고 생각하겠지. 하지만 그건 사실이 아니야."

그러나 그날 밤, 나는 그의 곁을 지켰다. 어린 왕자는 나를 위로하려 했지만, 나는 아무 말 없이 그 옆에 앉아 있었다. 그의 두려움이 전해졌다. 우리는 함께 모래 위에 앉아 울었다. 더 이상 일어설 힘조차 없었다. 잠시 망설이던 그는 천천히 일어섰다. 어린 왕자는 한 걸음을 내디뎠고, 나는 움직일 수 없었다. 그 순간, 그의 발목 근처에서 노란 빛이 번쩍 스쳤다. 그는 잠시 멈췄지만 아무 소리도 내지 않았다. 그리고 마치 나무가 쓰러지듯, 매우 부드럽게 땅으로 쓰러졌다. 모래 위였기에 아주 희미한 소리조차 나지 않았다.

Let me know that the little prince has returned.

Six years have now passed. I have never shared this story with anyone before. My companions were relieved to see me alive, but I was sad and explained that I was simply exhausted. Gradually, I found some comfort, though not completely. I'm certain that the little prince returned safely to his planet, because I never found his body.

At night, I like to look up at the stars, and then I suddenly remember that I forgot to put a leather strap on the muzzle I drew for the little prince's sheep. So I often wonder what might have happened on his planet. Did the sheep eat his flower, or did the little prince guard it carefully and keep a watchful eye on his sheep?

If one day you find yourself traveling through the African desert and you meet a smiling child with golden hair who doesn't answer your questions, you'll know exactly who he is. Please be kind to him, and do let me know that the little prince has returned.

그로부터 벌써 6년이 지났다. 나는 이 이야기를 지금껏 누구에게도 한 적이 없다. 동료들은 내가 살아 돌아온 것을 보고 안도했지만, 나는 슬펐고 그저 지쳤을 뿐이라고만 말했다. 시간이 흐르면서 조금은 위안을 얻었지만, 마음 속의 공허함은 완전히 사라지지 않았다. 나는 어린 왕자가 무사히 자기 별로 돌아갔으리라 믿는다. 그의 몸을 어디에서도 찾을 수 없었기 때문이다.

　밤이면 나는 종종 별을 올려다본다. 그러다 문득, 어린 왕자의 양에게 그려 준 입마개에 가죽 끈을 달지 않았다는 사실이 떠오른다. 그럴 때면 나는 그의 별에서 무슨 일이 벌어졌을지 상상하게 된다. 양이 꽃을 먹어버렸을까? 아니면 어린 왕자가 꽃을 지키며 양을 조심스럽게 돌보고 있을까?

　언젠가 당신이 아프리카 사막을 여행하다가, 질문에는 대답하지 않고 그저 미소만 짓는 금빛 머리카락의 소년을 만나게 된다면, 그가 누구인지 단번에 알 수 있을 것이다. 부디 그 아이에게 친절히 대해 주기를, 그리고 어린 왕자가 돌아왔다는 소식을 꼭 나에게 전해 주기를 바란다.

The
Little
Prince

어휘 단어장

왕초보편

I

jungle
정글, 밀림

A monkey lives in the jungle.
원숭이는 밀림에 산다.

book
책

I open my book in class.
나는 수업 시간에 책을 펼친다.

picture
그림, 사진

This picture shows a tree.
이 그림에는 나무가 그려져 있다.

snake
뱀

The snake moves slowly.
뱀이 느릿느릿 움직인다.

wild animal
야생 동물

A tiger is a wild animal.
호랑이는 야생 동물이다.

draw
그리다

I like to draw.
나는 그림 그리는 것을 좋아한다.

grown-up
어른

Grown-ups drink hot tea.
어른들은 뜨거운 차를 마신다.

hat
모자

Put your hat on, please.
모자를 써 주세요.

sad
슬픈

He looks sad today.
그는 오늘 슬퍼 보인다.

elephant
코끼리

An elephant has big ears.
코끼리는 큰 귀를 가지고 있다.

understand
이해하다

I understand the word now.
이제 그 단어를 이해했다.

geography
지리(학)

We study geography on Monday.
우리는 월요일에 지리를 공부한다.

stop
그만두다

Please stop the noise.
소음을 멈춰 주세요.

airplane
비행기

The airplane is in the sky.
하늘에 비행기가 떠 있다.

II

problem
문제

I have a problem.
문제가 있어.

desert
사막

The desert is very hot.
사막은 무척 덥다.

fix
고치다, 수리하다

We fix the bike at home.
우리는 집에서 자전거를 고친다.

fall asleep
잠들다

I fell asleep at ten.
나는 열 시에 잠들었다.

sand
모래

The sand feels warm.
모래가 따뜻하게 느껴진다.

wake up
일어나다

Wake up at seven!
일곱 시에 일어나!

sheep
양

One sheep eats grass.
양 한 마리가 풀을 뜯고 있다.

as a child
어렸을 때

As a child, I liked milk.
어렸을 때 나는 우유를 좋아했다.

only
오직, 단지, ~만

She has only one pencil.
그녀는 연필이 하나뿐이다.

keep saying
계속 말하다

He keeps saying "hello."
그는 계속 "안녕"이라고 말한다.

inside
~안에

The cat is inside the box.
고양이가 상자 안에 있다.

box
상자

Open the box slowly.
상자를 천천히 열어라.

grass
풀

The grass is green.
풀이 초록빛이다.

surely
확실히, 분명히

It will surely rain today.
오늘은 분명히 비가 올 것이다.

enough 충분한	We have enough food. 우리는 음식을 충분히 가지고 있어.

III

question 질문	Please ask one question first. 먼저 질문 하나를 해 주세요.
answer 대답하다	Please answer the question. 질문에 대답해 주세요.
explain 설명하다	The teacher explains the rule. 선생님이 규칙을 설명하신다.
fly 날다	Birds fly in the sky. 새들이 하늘을 난다.
fall 떨어지다	Leaves fall in autumn. 가을에는 나뭇잎이 떨어진다.
sky 하늘	The sky is blue today. 오늘 하늘이 파랗다.
laugh 웃다	We laughed at the joke. 우리는 농담에 웃었다.
loudly 크게, 시끄럽게	He sings loudly in the room. 그는 방에서 크게 노래한다.
planet 행성	Earth is a planet. 지구는 행성이다.
realize 깨닫다	I realized my mistake. 나는 내 실수를 깨달았다.
Earth 지구	Earth goes around the sun. 지구는 태양 주위를 돈다.
take 가져가다, 데려가다	Take the map with you. 지도를 챙겨 가.
careful 조심하는	Be careful with the glass. 유리를 조심해.

run away
도망가다

The dog ran away fast.
그 개는 잽싸게 도망갔다.

far
멀리

The shop is far from here.
그 가게는 여기서 멀리 떨어져 있다.

IV

learn
알게 되다, 배우다

I learned new words every day.
나는 매일 새로운 단어를 배웠다.

home
집, 고향 (편안한 곳)

I feel happy at home.
집에 있으면 마음이 편하고 행복하다.

house
집, 주택 (건물 자체)

The house is yellow.
그 집은 노란색이다.

as big as ~
~만큼 큰

The box is as big as the table.
그 상자는 테이블 만큼 크다.

telescope
망원경

He looks at stars with a telescope.
그는 망원경으로 별을 본다.

care
관심을 가지다

I care about my friends.
나는 친구들을 소중히 생각한다.

number
숫자

Write the numbers here.
여기에 숫자를 적어라.

friend
친구

My friend and I play chess.
나는 친구와 체스를 둔다.

listen
듣다

Listen to the music.
음악을 들어 봐.

believe
믿다

I believe your story.
나는 네 이야기를 믿는다.

story
이야기

Grandfathers tell stories.
할아버지가 이야기를 해 주셔.

important
중요한

Water is important for life.
물은 생명에 꼭 필요하다.

wonder
궁금하다

I wonder why it is cold.
왜 추운지 궁금하다.

hope
바라다, 희망하다

We hope for good weather.
우리는 날씨가 좋기를 바란다.

forget
잊다

Forget the bad day.
나쁜 날은 잊어버려라.

V

tell
말하다

Tell me the truth.
내게 진실을 말해 줘.

baobab tree
바오밥나무

A baobab tree can be huge.
바오밥나무는 매우 크게 자랄 수 있다.

dangerous
위험한

Fire is dangerous.
불은 위험하다.

grow
자라다

Flowers grow in spring.
꽃은 봄에 자란다.

break
부수다

Don't break the cup.
컵을 깨뜨리지 마.

wait
기다리다

Wait for the bus.
버스를 기다려.

later
나중에

See you later.
나중에 봐.

remove
제거하다

Remove the sticker softly.
스티커를 살살 떼어 내.

quickly
빠르게

He runs quickly to school.
그는 학교로 재빨리 달려간다.

show
보여주다

Show your ticket, please.
표를 보여 주세요.

why
왜

Why is the sky blue?
왜 하늘은 파랗지?

work
노력하다

We must work hard today.
우리는 오늘 열심히 일해야 한다.

hard
열심히

She studies hard every night.
그녀는 매일 밤 열심히 공부한다.

easily
쉽게

This test is easily done.
이 시험은 쉽게 끝낼 수 있다.

recognize
알아보다

I recognized his voice.
나는 그의 목소리를 알아챘다.

VI

often
자주

I often read at night.
나는 밤에 자주 책을 읽는다.

sunset
일몰

We watch the sunset at the beach.
우리는 해변에서 해지는 것을 본다.

better
더 좋은, 더 나은

Tea is better than soda.
차가 탄산음료 보다 더 좋다.

could
할 수 있었다

I could swim at five.
나는 다섯 살 때 수영을 할 수 있었다.

watch
보다

Let's watch a movie.
영화 보자.

chair
의자

Sit on the chair.
의자에 앉아.

you know
있잖아, 알다시피

You know, I like music.
있잖아, 나 음악 좋아해.

love
사랑하다, 매우 좋아하다

Children love ice cream.
아이들은 아이스크림을 정말 좋아한다.

times
번, 횟수

I called three times.
내가 세 번 전화했어.

especially
특히

I like summer, especially July.
나는 여름을 좋아해, 특히 7월을.

that day
그날

That day was sunny.
그날은 날씨가 맑았다.

anything
어떤 것, 아무것

Is there anything to eat?
먹을 거 뭐 있어?

VII

also
~도 또한

She also plays guitar.
그녀는 기타도 친다.

thorn
가시

The rose has sharp thorns.
장미에는 날카로운 가시가 있다.

everything
모든 것

Everything is ready now.
이제 모든 게 준비됐다.

useless
쓸모없는

This broken pen is useless.
이 부러진 펜은 쓸모없다.

protect
보호하다

Glasses protect your eyes.
안경은 눈을 보호한다.

themself
그들 자신

Kids can wash themselves.
아이들은 스스로 씻을 수 있다.

stressed
스트레스를 받은

He feels stressed before tests.
그는 시험 전에 스트레스를 받는다.

busy
바쁜

Mom is busy today.
엄마는 오늘 바쁘다.

angry
화난

The teacher is angry.
선생님이 화가 나셨다.

someone
누군가

Someone is at the door.
누군가 문 앞에 있다.

among
~사이에, ~중에서

She is the tallest among her friends.
그녀는 친구들 중에서 가장 키가 크다.

million
백만(의), 수많은

A million people live here.
이곳에는 백만 명이 산다.

star
별

Look at the stars tonight.
오늘 밤 별을 봐.

disappear
사라지다

Clouds disappear after rain.
비가 그치면 구름이 사라진다.

cry
울다

Babies cry for milk.
아기들은 우유를 달라고 운다.

VIII

simple
단순한

This game is simple.
이 게임은 단순하다.

live
살다

We live in a city.
우리는 도시에 산다.

special
특별한

Today is a special day.
오늘은 특별한 날이다.

get ready
준비하다

We got ready for class.
우리는 수업 준비를 했다.

choose
선택하다

Choose a blue pen.
파란 펜을 골라.

color
색깔

I like bright colors.
나는 밝은 색을 좋아한다.

open
열다, 피다

Flowers open in spring.
꽃은 봄에 핀다.

petal
꽃잎

The petals are soft.
꽃잎이 부드럽다.

yet
아직

Dinner is not ready yet.
저녁이 아직 준비되지 않았다.

ask for
요구하다

She asked for help.
그녀는 도와 달라고 했다.

cover
덮개

Put a cover on the pot.
냄비에 뚜껑을 덮어.

wind 바람	The wind is cold. 바람이 차갑다.
tired 피곤한	I feel tired today. 오늘은 피곤하다.
unhappy 불행한, 기분이 좋지 않은	She is unhappy with the news. 그녀는 그 소식에 실망했다.
too ~ to 너무 ~해서 ~할 수 없다	The pin is too small to reach. 핀이 너무 작아서 집을 수 없다.

IX

leave 떠나다	We leave at dawn. 우리는 새벽에 떠난다.
organize 정리하다	Organize your desk. 책상을 정리해.
clean 청소하다	I clean the room on Sunday. 나는 일요일마다 방을 청소한다.
last 마지막의	This is the last cookie. 이게 마지막 쿠키야.
come back 돌아오다	Please come back soon. 금방 돌아와 주세요.
give water 물을 주다	I gave water to the plant. 식물에 물을 줬다.
anymore 더 이상 (~않다)	I don't play games anymore. 나 이제 게임 안 해.
good for me 내게 좋은	Fruit is good for me. 과일은 내 건강에 좋아.
afraid 두려워하는, 겁내는	She is afraid of storms. 그녀는 폭풍을 무서워한다.
say goodbye 작별 인사를 하다	We said goodbye at the door. 우리는 문 앞에서 작별 인사를 했다.

make a decision
결정을 내리다

He makes a decision fast.
그는 결정을 빨리 내린다.

proud
자랑스러운, 자존심이 강한

Dad is proud of me.
아빠는 나를 자랑스러워하신다.

first
첫 번째의

This is my first job.
이것은 나의 첫 번째 일이다.

visit
방문하다

We visit grandma on Sunday.
우리는 일요일에 할머니 댁에 간다.

king
왕

The king sits on a throne.
왕이 왕좌에 앉아 있다.

rule
다스리다, 통치하다

Kings rule countries.
왕들은 나라를 다스린다.

even
~조차, 심지어

He is late, even today.
그는 심지어 오늘도 늦었다.

command
명령

I can't be in two places — that's an impossible command.
내가 두 곳에 동시에 있을 수는 없어. 그건 불가능한 명령이야.

bored
지루한

She feels bored in class.
그녀는 수업 시간에 지루해한다.

Minister of Justice
법무부 장관

The Minister of Justice is speaking.
법무부 장관이 연설 중이다.

made (someone) ~
(~로) 임명하다

They made her a leader.
그들은 그녀를 리더로 임명했다.

judge
판단하다

Judge fairly, please.
공정하게 판단해 주세요.

reply
대답하다

I reply to emails.
나는 이메일에 답장한다.

yourself
너 자신

Believe in yourself.
너 자신을 믿어.

ambassador 대사	The ambassador met the king. 대사가 왕을 만났다.
shout 소리치다	Don't shout in the hall. 복도에서 소리 지르지 마.
really strange 정말 이상한	That sound is really strange. 그 소리는 정말 이상하다.

XI

second 두 번째의	She came in second place. 그녀는 2등으로 들어왔다.
conceited 거만한, 잘난 체하는	A conceited man brags a lot. 거만한 사람은 자랑을 많이 한다.
admire 감탄하다, 존경하다	I admire good art. 나는 훌륭한 예술에 감탄한다.
funny 웃긴, 재미있는	The movie is funny. 그 영화는 재미있다.
greet 인사하다	We greet the teacher. 우리는 선생님께 인사드린다.
clap 박수 치다	The kids clap loudly. 아이들이 크게 박수 친다.
raise 들어 올리다	Raise your hand, please. 손을 들어 주세요.
after a few minutes 몇 분 후에	After a few minutes, the bus came. 몇 분 후에 버스가 왔다.
come down 내려오다	The cat will come down soon. 고양이가 곧 내려올 거야.
here 여기(에/에서)	Sit here with me. 여기 나랑 같이 앉아.
mean 의미하다	What does this word mean? 이 단어는 무슨 뜻이야?

best
최고의

He is my best friend.
그는 내 가장 친한 친구야.

very
매우

I am very happy.
나는 정말 행복하다.

XII

drink
(술을) 마시다

They drank wine at dinner.
그들은 저녁 식사 때 와인을 마셨다.

a lot
많이

She studies a lot.
그녀는 공부를 많이 한다.

do
하다

What are you doing now?
지금 뭐 하고 있니?

want to
~하고 싶다

I want to play soccer.
나는 축구를 하고 싶다.

ashamed
부끄러운, 창피한

He feels ashamed of the mess.
그는 지저분한 걸 창피해 한다.

help
돕다

Let me help you.
내가 도와줄게.

so
그래서

It rained, so we stayed home.
비가 와서 우리는 집에 있었다.

why
왜

Why is he sad?
그가 왜 슬퍼하고 있는 거야?

because
왜냐하면

I run because I like it.
나는 달리는 게 좋아서 한다.

quiet
조용한

The room is quiet now.
방이 지금 조용하다.

then
그리고 나서

We ate, then we left.
우리는 식사 후에 떠났다.

XIII

count
세다

Count the coins.
동전을 세어 봐.

his
그의

This is his bag.
이것은 그의 가방이다.

keep
보관하다, 유지하다

Keep the keys safe.
열쇠를 잘 보관해.

record
기록하다

Record your score here.
점수를 여기에 기록해.

paper
종이

Write on the paper.
종이에 써.

drawer
서랍

The spoon is in the drawer.
숟가락은 서랍 안에 있어.

all
모두

All students are present.
모든 학생이 출석했다.

own
소유하다

I own two cats.
나는 고양이 두 마리를 키운다.

volcano
화산

A volcano can erupt.
화산이 폭발할 수 있다.

every day
매일

I walk every day.
나는 매일 걷는다.

every week
매주

We meet every week.
우리는 매주 만난다.

there
거기, 그곳

She lives there.
그녀는 그곳에 산다.

of no use
소용없는, 쓸모없는

This old phone is of no use.
이 오래된 전화기는 아무 소용이 없다.

nothing
아무것도

I see nothing outside.
밖에 아무것도 보이지 않는다.

XIV

fifth
다섯 번째의

He is the fifth runner.
그는 다섯 번째 주자이다.

turn on / off
켜다 / 끄다

Turn on the light.
불을 켜.

streetlamp
가로등

The streetlamp is bright.
가로등이 밝다.

spin
돌다, 회전하다

Wheels spin fast.
바퀴가 빠르게 돈다.

fast
빠른

The car is fast.
자동차가 빠르다.

rest
쉬다

Let's rest for a minute.
잠깐 쉬자.

enjoy
즐기다

Children enjoy games.
아이들은 게임을 즐긴다.

walk slowly
천천히 걷다

Walk slowly on ice.
얼음 위에서는 천천히 걸어.

interested
관심 있는

He is interested in art.
그는 미술에 관심이 있다.

stay longer
더 오래 머물다

Can you stay longer?
좀 더 머물 수 있어?

people
사람들

People are waiting.
사람들이 기다리고 있다.

find
찾다

Find your seat.
네 자리를 찾아.

admit
인정하다

I admit my error.
내 실수를 인정해.

wish
바라다

I wish for snow.
나는 눈이 오기를 바란다.

sixth
여섯 번째의

This is the sixth page.
이것은 여섯 번째 페이지이다.

geographer
지리학자

A geographer draws maps.
지리학자는 지도를 그린다.

thick
두꺼운

The book is thick.
책이 두껍다.

river
강

A big river flows here.
여기 큰 강이 흐른다.

mountain
산

We see high mountains.
우리는 높은 산을 본다.

explorer
탐험가

An explorer travels far.
탐험가는 멀리 여행한다.

describe
묘사하다

Describe the picture.
그림을 묘사해 봐.

mention
언급하다

He mentioned your name.
그는 네 이름을 언급했다.

soon
곧

Dinner is ready soon.
곧 저녁이 준비될 거야.

be gone
사라지다

The bird will be gone.
새는 곧 사라질 것이다.

alone
혼자

She eats alone.
그녀는 혼자 식사한다.

even so
그럼에도 불구하고

He was tired. Even so, he kept working.
그는 피곤했다. 그래도 계속 일했다.

recommend
추천하다

I recommend this film.
나는 이 영화를 추천한다.

travel
여행하다

They travel by bus.
그들은 버스로 여행한다.

XVI

seventh
일곱 번째의

She is the seventh singer.
그녀는 일곱 번째 가수이다.

where
~한 곳

This is the town where I live.
여기가 내가 사는 마을이다.

man
남자

Two men talk outside.
두 남자가 밖에서 이야기한다.

in the past
과거에

In the past, cars were slow.
예전에는 자동차가 느렸다.

light
불을 켜다

We lit a candle.
우리는 초에 불을 붙였다.

lamp
램프, 등불

The lamps glow softly.
램프들이 은은하게 빛난다.

continent
대륙

Asia is a continent.
아시아는 대륙이다.

bright
밝은

The room is bright.
방이 밝다.

in order
순서대로

Please line up in order.
순서대로 줄 서 주세요.

from
~에서부터

Walk from here to school.
여기서 학교까지 걸어.

all the way
끝까지

He ran all the way home.
그는 집까지 달려갔다.

North Pole
북극

The North Pole is icy.
북극은 얼음이 많다.

South Pole
남극

Scientists work at the South Pole.
과학자들은 남극에서 일한다.

twice a year
일 년에 두 번

We travel twice a year.
우리는 1년에 두 번 여행 간다.

XVII

actually
사실은

It looks hard, but actually it's easy.
어려워 보이지만, 사실은 쉽다.

bigger
더 큰

This box is bigger than that one.
이 상자가 저것보다 더 크다.

so ~ that
너무 ~해서 … 하다

It is so cold that I shake.
너무 추워서 몸이 떨린다

sometimes
때때로

I sometimes cook rice.
나는 가끔 밥을 짓는다.

any
어떤 ~라도

Take any seat you like.
네가 원하는 아무 자리나 앉아.

at all
전혀

I don't know him at all.
나는 그를 전혀 모른다.

Africa
아프리카

Lions live in Africa.
사자는 아프리카에 산다.

where
어디에 (의문사)

Where is the bus stop?
버스 정류장이 어디에 있니?

lonely
외로운

He feels lonely at night.
그는 밤에 외롭다.

weak
약한

The kitten is weak.
그 아기 고양이는 약하다.

send back
돌려보내다

I sent back the letter.
나는 편지를 다시 보냈다.

word
말

His words were kind.
그의 말은 친절했다.

~like
~처럼

Clouds look like cotton.
구름이 솜처럼 보인다.

puzzle
퍼즐, 수수께끼

This puzzle is fun.
이 퍼즐은 재미있다.

stay silent
조용히 있다

Please stay silent now.
지금 조용히 해 주세요.

XVIII

walk through
~을 걸어서 지나가다

We walked through the park.
우리는 공원을 걸어서 지나갔다.

three
셋, 세 개

I have three apples.
나는 사과를 세 개 갖고 있다.

ago
~전에

I came here two days ago.
나는 이틀 전에 여기에 왔다.

keep moving
계속 움직이다

Cars keep moving on the road.
차들이 도로 위에서 계속 움직인다.

XIX

climb
오르다

We climbed a small hill.
우리는 작은 언덕을 올랐다.

high
높은

The wall is very high.
그 담은 매우 높다.

whole
전체의

Read the whole page.
전체 페이지를 읽어 봐.

rock
바위, 돌

Small rocks roll down.
작은 돌들이 굴러 내려온다.

sharp
뾰족한

The knife is sharp.
그 칼은 날카롭다.

into the distance
저 멀리

He looks into the distance.
그는 저 멀리를 바라본다.

echo
메아리

The cave makes an echo.
동굴이 메아리를 만든다.

repeat
반복하다

Please repeat the word.
단어를 반복해 주세요.

speak first
먼저 말하다

She likes to speak first.
그녀는 먼저 말하는 것을 좋아한다.

imagination
상상력

Kids have big imaginations.
아이들은 상상력이 풍부하다.

XX

a long way
먼 거리

School is a long way from home.
학교는 집에서 멀리 떨어져 있다.

finally
마침내, 결국

We finally arrived.
우리는 드디어 도착했다.

garden
정원

Flowers grow in the garden.
꽃들이 정원에서 자란다.

full of
~로 가득 찬

The box is full of toys.
상자 안이 장난감으로 가득 차 있다.

just
강조 (정확히, 꼭)

This is just perfect.
이건 정말 완벽하다.

look like
~처럼 보이다

You look like your dad.
너는 아빠를 꼭 닮았다.

rose
장미

Red roses smell good.
빨간 장미는 좋은 향이 난다.

ordinary
평범한, 흔한

It was an ordinary day.
그날은 평범한 날이었다.

great
위대한, 훌륭한

She is a great singer.
그녀는 뛰어난 가수다.

lay down
눕다

I lay down to rest.
나는 쉬려고 누웠다.

XXI

at that moment
그 순간

At that moment, it rained.
그 순간 비가 내리기 시작했다.

fox
여우

A fox runs fast.
여우가 빠르게 달린다.

tame
길들이다

Farmers tame horses.
농부들은 말을 길들인다.

each other
서로

They help each other.
그들은 서로 도와준다.

have no time
시간이 없다

I have no time today.
나는 오늘 시간이 전혀 없다.

return
돌아오다

Birds return in spring.
새들은 봄에 돌아온다.

at the same time
동시에

We spoke at the same time.
우리는 동시에 말했다.

for example
예를 들어

For example, dogs bark.
예를 들어, 개는 짖는다.

o'clock
~시

It is three o'clock now.
지금은 세 시다.

secret
비밀

Keep the secret safe.
비밀을 잘 간직해.

clearly
분명하게, 정확하게

Speak clearly, please.
정확하게 말해 주세요.

heart
마음, 심장

My heart is calm.
내 마음은 차분하다.

eye
눈

Close your eyes.
눈을 감아.

XXII

control
통제하다

Police control the traffic.
경찰이 교통을 통제한다.

train
기차

The train is late.
기차가 늦게 도착했다.

right
오른쪽

Turn right at the corner.
모퉁이에서 오른쪽으로 돌아.

left
왼쪽

The park is on the left.
공원이 왼쪽에 있다.

traveler
여행자

Travelers wait in line.
여행자들이 줄을 서 있다.

rush
급히 지나가다

Cars rush past us.
차들이 우리 옆을 빠르게 지나간다.

past
~을 지나서

Walk past the store.
가게를 지나 걸어가.

change places
자리를 바꾸다

Let's change places in class.
수업 시간에 자리를 바꾸자.

press
누르다

Press the button.
버튼을 눌러.

nose
코

My nose is cold.
내 코가 차갑다.

against
~에 기대어

Lean against the wall.
벽에 기대.

window
창문

Open the window wide.
창문을 활짝 열어.

want to go
가고 싶어 하다

I want to go home.
나는 집에 가고 싶다.

XXIII

sell
팔다

They sell apples here.
그들은 여기서 사과를 판다.

medicine
약

This medicine is expensive.
이 약은 비싸다.

thirst
갈증

After the long run, I felt a strong thirst.
달리기를 오래 한 후, 갈증이 심하게 났다.

if
만약

If it rains, stay inside.
비가 오면 안에 있어.

take the medicine
복용하다

Take the medicine now.
지금 약을 먹어.

thirsty
목마른

I am thirsty after running.
뛰고 나서 목이 말랐다.

save
절약하다

We saved time by taking the bus.
우리는 버스를 타서 시간을 절약했다.

time
시간

Time passes fast.
시간은 빨리 간다.

extra
추가의, 여분의

I need extra paper.
나는 종이가 더 필요하다.

whatever
무엇이든

Eat whatever you like.
먹고 싶은 건 아무거나 먹어.

quietly
조용히

Speak quietly in the library.
도서관에서 조용히 말해.

walk to
~로 걷다

They walk to school daily.
그들은 매일 학교까지 걸어간다.

well
우물 (명사)

The well is deep.
그 우물은 깊다.

XXIV

eighth
여덟 번째의

This is the eighth lesson.
이것은 여덟 번째 수업이다.

already
이미

I already ate lunch.
나는 이미 점심을 먹었다.

no more
더 이상 ~이 없는

There is no more bread.
빵이 더 이상 없다.

need to
~할 필요가 있다

We need to study now.
우리는 지금 공부해야 한다.

remind
상기시키다

Photos remind me of home.
사진을 보면 집이 생각난다.

somewhere
어딘가에

The key is somewhere here.
열쇠가 이 근처 어딘가에 있을 거야.

hidden
숨겨진

A hidden door opens.
숨겨진 문이 열린다.

whether
~이든 ~이든 (나열할 때)

You should be polite, whether you are at home or at school.
집에 있든 학교에 있든, 예의 바르게 행동해야 해.

invisible
보이지 않는

Air is invisible.
공기는 눈에 보이지 않는다.

sleepy
졸린

The baby is sleepy.
아기가 졸려 한다.

carry
들다, 안다

I carried the child.
나는 아이를 안아 들었다.

in one's arms
~의 품에

He held the cat in his arms.
그는 고양이를 그의 품에 안았다.

smile
웃다, 미소짓다

She smiles at me.
그녀가 나를 향해 미소짓는다.

XXV

get tired
피곤해지다

I get tired at night.
나는 밤이 되면 피곤해진다.

pull up
끌어올리다

Pull up the bucket.
양동이를 끌어올려.

delicious
맛있는

The soup is delicious.
수프가 정말 맛있다.

must
~해야 한다

You must study now.
너 지금 공부해야 해.

learn to
~하는 법을 배우다

I learned to swim.
나는 수영을 배웠다.

search
찾다

Search for the file.
파일을 찾아봐.

muzzle
입마개

The dog wears a muzzle.
그 개는 입마개를 쓰고 있다.

plan
계획하다

We planned a trip.
우리는 여행을 계획했다.

machine
기계

The machine is old.
그 기계는 오래됐다.

wait
기다리다

Wait here, please.
여기서 기다려 주세요.

XXVI

wall
벽

Paint the wall white.
벽을 하얗게 칠해라.

poison
독

Poison is dangerous.
독은 위험하다.

hurt
다치게 하다

Sharp glass can hurt you.
날카로운 유리에 다칠 수 있다.

yellow
노란색

The flower is yellow.
그 꽃은 노란색이다.

scared
무서운

The child is scared of dogs.
그 아이는 개를 무서워한다.

take care
돌보다

Parents take care of babies.
부모는 아기를 돌본다.

always
항상

I always brush my teeth.
나는 항상 이를 닦는다.

die
죽다

Flowers die without water.
물이 없으면 꽃이 죽는다.

not true
사실이 아닌

That rumor is not true.
그 소문은 사실이 아니다.

evening 저녁	We eat in the evening. 우리는 저녁에 식사를 한다.
stand up 일어나다	Please stand up now. 지금 일어나 주세요.
suddenly 갑자기	Suddenly, it snowed. 갑자기 눈이 왔다.
flash 번쩍임	A flash of light filled the room. 번쩍이는 빛이 방을 가득 채웠다.
gently 부드럽게	Speak gently to the baby. 아기에게 부드럽게 말해 줘.
fall down 쓰러지다	He fell down slowly. 그는 천천히 쓰러졌다.

XXVII

peace (find peace) 평화, 평온	Music helps me find peace. 음악은 내가 평온을 찾도록 도와준다.
body 몸	Exercise keeps the body strong. 운동은 몸을 튼튼하게 해 준다.
find 찾다	I found my keys. 나는 열쇠를 찾았다.
every time ~할 때마다	I smile every time I see you. 나는 너를 볼 때마다 웃는다.
golden 금빛의	She has golden hair. 그녀는 금빛 머리카락을 가지고 있다.
hair 머리카락	His hair is short. 그의 머리카락은 짧다.
kind 친절한	Be kind to others. 다른 사람들에게 친절하게 대해 줘.
let me know 내게 알려줘	Let me know the time. 시간 알려줘.

The
Little
Prince

어휘 단어장

초중급편

I

fascinated
매료된

She was fascinated by the night sky filled with stars.
그녀는 별들로 가득한 밤하늘에 매료되었다.

illustration
삽화

This book has beautiful illustrations that help explain the story.
이 책에는 이야기를 잘 설명해 주는 아름다운 삽화가 들어 있어요.

swallow
삼키다

He was so nervous that he could hardly swallow his food.
그는 너무 긴장해서 음식을 삼키기도 힘들었다.

version
버전, 판

I read the English version of The Little Prince.
저는 『어린 왕자』의 영어 버전을 읽었어요.

knowledge
지식

Children have less knowledge but often more imagination.
아이들은 아는 건 적지만, 상상력은 더 풍부해요.

interacting with
~와 상호작용하는

The robot is capable of interacting with people.
그 로봇은 사람들과 상호작용할 수 있습니다.

opinion
의견

In my opinion, this is the best chapter in the book.
이 장이 책에서 가장 좋아요.

test
시험하다, 실험하다

We need to test the idea before we use it.
사용하기 전에 우리는 그 아이디어를 시험해 봐야 해요.

please
기쁘게 하다

He always tries to please others, even if he's tired.
그는 피곤해도 항상 다른 사람을 기쁘게 하려고 노력해요.

II

sunrise
일출

We woke up early to watch the sunrise at the beach.
우리는 해변에서 일출을 보기 위해 일찍 일어났어요.

extraordinary
비범한

The little prince had an extraordinary way of thinking.
어린 왕자는 비범한 사고방식을 가지고 있었어요.

seriously
진지하게

You should take his words seriously.
그의 말을 진지하게 받아들여야 해요.

thousand
천

A thousand stars filled the night sky.
밤하늘이 천 개의 별로 가득했어요.

village
마을

She grew up in a small village near the mountains.
그녀는 산 근처의 작은 마을에서 자랐어요.

fellow
친구, 동료

He is a good fellow who always helps others.
그는 항상 다른 사람을 도와주는 좋은 친구예요.

dangerous
위험한

It is dangerous to cross the street without looking.
주변을 살피지 않고 길을 건너는 것은 위험해요.

take up space
공간을 차지하다

That big sofa takes up too much space in the room.
그 큰 소파는 방 안에서 너무 많은 공간을 차지해요.

attempt
시도

He made an attempt to fix the machine by himself.
그는 혼자서 기계를 고치려고 시도했어요.

closely
면밀히, 가까이

She listened closely to everything the teacher said.
그녀는 선생님의 말을 면밀히(주의 깊게) 들었어요.

get to know
알게 되다

It takes time to get to know someone well.
누군가를 잘 알기 되기까지는 시간이 걸려요.

III

cheerfully
쾌활하게

She cheerfully greeted everyone at the party.
그녀는 파티에서 쾌활하게 모두에게 인사했어요.

hurt one's feelings
감정을 상하게 하다

He didn't mean to hurt your feelings.
그는 네 감정을 상하게 하려던 게 아니었어.

admire
감탄하다, 존경하다

I really admire people who stay calm in difficult situations.
나는 어려운 상황에서도 침착함을 잃지 않는 사람들을 정말 존경해요.

suggest
제안하다

Can you suggest a good book for beginners?
초보자에게 좋은 책을 제안해 줄 수 있나요?

tie up
묶다

He used a rope to tie up the box.
그는 밧줄로 상자를 묶었어요.

freely
자유롭게

Birds can fly freely in the sky.
새들은 하늘을 자유롭게 날 수 있어요.

IV

asteroid
소행성

The little prince lived on a small asteroid.
어린 왕자는 작은 소행성에서 살았어요.

smile at + 이론/경고
대수롭지 않게 생각하다

Many people smiled at his warning, but he was right.
많은 사람들이 그의 경고를 가볍게 여겼지만, 그는 옳았다.

proof
증거

Do you have any proof that the story is true?
그 이야기가 사실이라는 증거가 있나요?

charming
매력적인

She has a charming smile that makes everyone feel welcome.
그녀는 모두를 편안하게 해주는 매력적인 미소를 가졌어요.

shrug
어깨를 으쓱하다

He didn't know the answer, so he just shrugged.
그는 답을 몰라 그냥 어깨를 으쓱했다.

treat like a child
아이처럼 대하다

Please don't treat me like a child. I can decide for myself.
저를 아이 취급하지 마세요. 제 선택은 제가 할 수 있어요.

true friend
진정한 친구

A true friend stays with you even in hard times.
진정한 친구는 힘든 순간에도 곁에 있어 줍니다.

grow old
나이가 들다

We all grow old, but some people stay young at heart.
우리는 모두 나이를 먹지만, 어떤 사람은 마음만은 젊게 남아요.

V

bush
덤불

The fox was hiding behind the bush.
여우는 덤불 뒤에 숨어 있었다.

leave unchecked
방치하다

If we leave the problem unchecked, it could get worse.
그 문제를 방치하면 상황이 더 나빠질 수 있어요.

matter
문제, 중요하다

It doesn't matter what others think.
다른 사람들이 어떻게 생각하든 중요하지 않아요.

put off
미루다

Don't put off your homework until the last minute.
숙제를 마지막 순간까지 미루지 마세요.

lead to
~로 이어지다

Laziness can lead to failure.
게으름은 실패로 이어질 수 있어요.

disaster
재난

The flood was a big disaster for the village.
그 홍수는 마을에 큰 재난이었어요.

warn
경고하다

The teacher warned us not to be late again.
선생님께서 다시는 지각하지 말라고 경고하셨어요.

succeed
성공하다

If you work hard, you will succeed.
열심히 노력하면 성공할 거예요.

have the feeling
느낌이 들다

I have the feeling that something is wrong.
무언가 잘못됐다는 느낌이 들어요.

VI

add
더하다

If you add 5 and 3, you get 8.
5와 3을 더하면 8이 돼요.

one
누구나, 사람이라면 (대명사)

One should always tell the truth.
사람이라면 누구나 항상 진실을 말해야 해요.

VII

secret
비밀

He told me a big secret, and I promised not to tell anyone.
그는 나에게 큰 비밀을 말했고, 나는 아무에게도 말하지 않겠다고 약속했어요.

directly
직접

She looked directly into my eyes and smiled.
그녀는 내 눈을 똑바로 바라보며 미소 지었어요.

irritated
짜증난 (외부 자극 반응)

He was irritated by the loud noise outside.
그는 밖에서 나는 시끄러운 소음에 짜증이 났다.

useless
쓸모없는

This broken phone is completely useless now.
이 고장 난 휴대폰은 이제 완전히 쓸모가 없어졌어요.

mean
비열한

It was mean of him to laugh at her mistake.
그녀의 실수를 비웃은 건 정말 비열한 행동이었어요.

disagreed
동의하지 않았다

I disagreed with his opinion, but I didn't argue.
나는 그의 의견에 동의하지 않았지만, 다투지는 않았어.

in reality
실제로

The story sounds nice, but in reality, it's very different.
그 이야기는 좋아 보이지만, 실제로는 매우 달라요.

annoyed
짜증난 (기분)

She was annoyed because he kept interrupting her.
그가 계속 그녀의 말을 끊어서 그녀는 짜증이 났어요.

ruin
망치다

Rain ruined our picnic plans.
비 때문에 우리의 소풍 계획이 망가졌어.

VIII

discover
발견하다

The little prince discovered a new flower on his planet.
어린 왕자는 자기 별에서 새로운 꽃을 발견했어요.

bloom
피어나다

The flower slowly bloomed under the morning sun.
그 꽃은 아침 햇살 아래에서 천천히 피어났어요.

vain
허영심이 많은

The flower was beautiful but a little vain.
그 꽃은 아름다웠지만 약간 허영심이 있었어요.

trouble
괴롭히다, 불편하게 하다

Her words troubled the little prince's heart.
그녀의 말은 어린 왕자의 마음을 괴롭혔어요.

graceful vanity
우아한 허영

He was confused by her graceful vanity.
그는 그녀의 우아한 허영심 때문에 혼란스러웠어요.

lie
거짓말

The flower sometimes told small lies to get attention.
그 꽃은 때때로 관심을 끌기 위해 작은 거짓말을 했어요.

glass dome
유리 돔

She asked him to cover her with a glass dome at night.
그녀는 밤마다 자신을 유리 돔으로 덮어 달라고 부탁했어요.

doubt
의심

He began to doubt the flower's love.
그는 그 꽃의 사랑을 의심하기 시작했어요.

mistake
실수

Later, he realized that leaving her was a mistake.
나중에 그는 그녀를 떠난 것이 실수였다는 걸 깨달았어요.

confess
고백하다

He confessed his feelings to his friend.
그는 친구에게 자신의 감정을 고백했어요.

fragrance
향기, 향

The fragrance of roses filled the garden.
장미 향기가 정원에 가득했다.

perfume
향기, 향수

She gave him her perfume instead of words.
그녀는 말 대신 자신의 향기를 그에게 전했어요.

trick
속임수

Behind her small tricks, there was kindness.
그녀의 작은 속임수 뒤에는 친절함이 있었어요.

kindness
친절

He should have seen her kindness instead of her words.
그는 그녀의 말보다 친절함을 보았어야 했어요.

contradiction
모순

Flowers are full of contradictions, but that makes them special.
꽃은 모순으로 가득하지만, 그게 오히려 특별함이에요.

IX

a flock of
(새, 양 등의) 한 무리 / 떼

A flock of birds flew across the sky.
새 한 무리가 하늘을 가로질러 날아갔어요.

depart
떠나다

The train will depart at 9 a.m.
그 기차는 오전 9시에 출발합니다.

tidy up
정리하다

She spent the afternoon tidying up her room.
그녀는 오후 내내 방을 정리했다.

pull out
뽑다

He pulled out the weeds from the garden.
그는 정원에서 잡초를 뽑았다.

sprout
싹이 나다, 싹

The seeds began to sprout after a few days.
며칠 후, 씨앗에서 싹이 나기 시작했다.

breeze
산들바람

A soft breeze made the leaves dance.
산들바람이 나뭇잎을 살랑살랑 흔들었어요.

butterfly
나비

A butterfly landed gently on the flower.
나비 한 마리가 꽃 위에 살며시 앉았다.

endure
견디다

He had to endure pain during the long journey.
그는 긴 여정 동안 고통을 견뎌야 했어요.

caterpillar
애벌레

The caterpillar will soon turn into a butterfly.
그 애벌레는 곧 나비로 변할 거예요.

linger
머무르다, 오래 남다

The scent of the flower lingered in the air.
꽃 향기가 공기 중에 오래 남아 있었다.

X

obsess
집착하다

He obsessively checks his phone every five minutes.
그는 5분마다 휴대폰을 확인할 정도로 집착해요.

insist
주장하다

She insisted that she was telling the truth.
그녀는 자신이 진실을 말하고 있다고 주장했어요.

disobedience
불복종

The soldier was punished for disobedience.
그 군인은 불복종으로 처벌을 받았어요.

ask a favor
부탁하다

Can I ask you a favor?
부탁 하나만 해도 될까?

command
명령하다

The king commanded everyone to stay silent.
왕은 모두에게 조용히 하라고 명령했다.

refuse
거절하다

He refused to answer the question.
그는 질문에 답하는 것을 거절했다.

obey
복종하다

Children are taught to obey their parents.
아이들은 부모님을 따르라고 배우죠.

offer
제안하다

She offered to help me with my homework.
그녀는 내 숙제를 도와주겠다고 제안했어요.

nobody
아무도

Nobody knew where he had gone.
아무도 그가 어디로 갔는지 몰랐어요.

sentence to death
사형 선고하다

The criminal was sentenced to death.
그 범죄자는 사형 선고를 받았어요.

pardon
용서, 사면

The king decided to pardon the thief.
왕은 그 도둑을 사면하기로 결정했다.

afterward
그 후에

We had dinner and went for a walk afterward.
우리는 저녁을 먹은 후에 산책을 했어요.

call after
뒤에서 외치다

She called after him, but he didn't turn around.
그녀는 그를 소리쳐 불렀지만, 그는 돌아보지 않았다.

murmur
속삭이다, 중얼거리다

He murmured something under his breath.
그는 무언가를 작게 중얼거렸다.

journey
여행

The little prince began his journey across the stars.
어린 왕자는 별들을 향한 여행을 시작했다.

XI

conceited
자만하는

He became conceited after winning the award.
그는 상을 받고 나서 자만하게 되었다.

delighted
기뻐하는

She was delighted to see her friend again.
그녀는 친구를 다시 만나서 매우 기뻐했어요.

once
한때, 한 번

I once lived in a small town by the sea.
나는 한때 바닷가의 작은 마을에 살았어요.

as requested
요청대로

I finished the report as requested.
나는 요청대로 보고서를 마무리했어요.

fall off
떨어지다

Be careful, or you'll fall off the ladder.
조심해, 안 그러면 사다리에서 떨어질 수도 있어.

praise
칭찬하다

The teacher praised him for his hard work.
선생님은 그의 노력에 대해 칭찬했다.

intelligent
똑똑한

She is intelligent and learns things quickly.
그녀는 똑똑하고 배움이 빨라요.

XII

gently
부드럽게

She closed the door gently.
그녀는 문을 부드럽게 닫았다.

admit
인정하다

He admitted his mistake.
그는 자신의 실수를 인정했다.

continue
계속하다

Please continue reading.
계속 읽어 주세요.

XIII

businessman
사업가

The businessman worked hard to build his company.
그 사업가는 회사를 세우기 위해 열심히 일했어요.

pay attention
주의를 기울이다

You need to pay attention in class.
수업 시간에는 주의를 기울여야 해요.

claim
주장하다

He claims that the idea was his.
그는 그 아이디어가 자신의 것이라고 주장했어요.

believe
믿다

I believe she is telling the truth.
나는 그녀가 진실을 말하고 있다고 믿어요.

belong
속하다

This book belongs to me.
이 책은 내 거예요.

impressed
감명받은

I was really impressed by his kindness.
나는 그의 친절함에 정말 감명받았어요.

scarf
스카프

She wore a red scarf around her neck.
그녀는 목에 빨간 스카프를 둘렀어요.

pick up
집다, 줍다

He picked up a coin from the ground.
그는 바닥에서 동전을 집었다.

carry around
들고 다니다

He always carries around a notebook.
그는 항상 노트북을 들고 다닌다.

better off
더 나은 형편의

She's better off now that she has a new job.
그녀는 새 직장을 구한 후로 형편이 훨씬 나아졌다.

XIV

a moment's rest
잠깐의 휴식

He worked all day without a moment's rest.
그는 잠깐의 휴식도 없이 하루 종일 일했다.

circle
빙 돌다, 한 바퀴 돌다

You can circle the small island in ten minutes.
그 작은 섬은 10분이면 한 바퀴 돌 수 있어.

sunlight
햇빛

The room was full of warm sunlight.
방 안은 따뜻한 햇빛으로 가득했어.

prefer
선호하다

I prefer tea to coffee.
저는 커피보다 차를 더 좋아해요.

self-centered
자기 중심적인

He's too self-centered to care about others.
그는 너무 자기 중심적이어서 다른 사람을 신경 쓰지 않아.

regretful
후회하는

She felt regretful after saying those words.
그녀는 그 말을 한 뒤 후회했다.

sigh
한숨 쉬다

He gave a deep sigh and looked out the window.
그는 깊은 한숨을 쉬고 창밖을 바라봤어요.

feature
특징

One special feature of this phone is its long battery life.
이 휴대폰의 특별한 특징 중 하나는 배터리가 오래 간다는 거예요.

XV

enormous
거대한

The building was so enormous that it took hours to see it all.
그 건물은 너무 거대해서 다 보는 데 몇 시간이 걸렸어요.

scholar
학자

The scholar spent his life studying ancient history.
그 학자는 고대 역사를 연구하며 평생을 보냈어요.

location
위치

Can you tell me the exact location of the museum?
박물관의 정확한 위치를 알려줄 수 있나요?

provide
제공하다

The hotel provides free breakfast for guests.
그 호텔은 고객에게 조식을 무료 제공해요.

spirit of ~
~의 정신

He showed the true spirit of teamwork during the game.
그는 경기 중에 진정한 팀워크 정신을 보여줬어요.

exploration
탐험

Space exploration has taught us a lot about the universe.
우주 탐험은 우리에게 많은 것을 가르쳐 주었어요.

rely
의지하다

Children rely on their parents for love and safety.
아이들은 부모를 통해 사랑과 안전함을 느껴요.

entirely
완전히

He is not entirely wrong, but he needs more facts.
전적으로 틀린 건 아니지만, 뒷받침할 근거가 더 있어야 해요.

demand
요구하다

The workers demanded better pay and safer conditions.
노동자들은 더 나은 임금과 안전한 조건을 요구했어요.

ephemeral
덧없는, 금방 사라지는

Youth is beautiful but ephemeral.
젊음은 아름답지만 덧없어요.

permanent
영구적인

He wants a permanent job, not just a temporary one.
그는 임시직이 아니라 안정적인 정규직을 원해요.

nevertheless
그럼에도 불구하고

It was raining; nevertheless, they played outside.
비가 오고 있었어요. 그럼에도 불구하고, 그들은 밖에서 놀았어요.

lost in thought
생각에 잠긴

She didn't hear me because she was lost in thought.
그녀는 생각에 잠겨 있어서 내 말을 듣지 못했어요.

XVI

illuminate
밝히다

The stars illuminated the dark night sky.
별들이 어두운 밤하늘을 밝혔어요.

one by one
하나씩

The candles were lit one by one.
촛불이 하나씩 켜졌어요.

colleague
동료

I had lunch with my colleague from the marketing team.
나는 마케팅팀 동료와 점심을 먹었어요.

relaxed
편안한

She felt relaxed after the yoga class.
그녀는 요가 수업 후에 편안함을 느꼈어요.

XVII

wise
현명한

My grandfather is very wise and gives good advice.
우리 할아버지는 현명하시고, 좋은 조언을 해주세요.

truthful
정직한

She is always truthful, even when it's hard.
그녀는 힘든 상황에서도 항상 정직해요.

take up
(공간을) 차지하다

This sofa takes up too much space in the room.
이 소파는 방 안에서 너무 많은 공간을 차지해요.

billion
십억

There are more than 8 billion people on Earth.
지구에는 80억 명이 넘는 사람들이 살고 있어요.

close together
가까이 모여

The chairs were placed close together.
의자들이 다닥다닥 놓여 있었어요.

public square
공공 광장, 넓은 열린 공간

The festival was held in the city's public square.
그 축제는 도시의 공공 광장에서 열렸어요.

granite
화강암

The mountain was made of solid granite.
그 산은 단단한 화강암으로 이루어져 있었어요.

homesick
향수병 걸린

She felt homesick during her first week abroad.
그녀는 해외에서 첫 주 동안 집이 많이 그리웠어요.

pass by
지나가다

I saw him pass by the window this morning.
오늘 아침에 그가 창문을 지나가는 걸 봤어요.

can tell
알 수 있다

You can tell she's tired by the look on her face.
그녀의 얼굴만 봐도 피곤하다는 걸 알 수 있어요.

blow one around
바람처럼 떠돌게 하다

Without a home, the wind blows him around from place to place.
집이 없으니 바람처럼 여기저기 떠돌게 되었어요.

root
뿌리

Trees need deep roots to grow strong.
나무가 튼튼히 자라려면 뿌리가 깊어야 해요.

rocky peak
바위투성이 산봉우리

The little prince stood on a rocky peak and looked around.
어린 왕자는 바위투성이 산봉우리에 서서 주위를 둘러보았어요.

without
~없이

He left without saying goodbye.
그는 작별 인사도 없이 떠났어요.

exactly
정확히

I don't know exactly what he meant.
나는 그가 무슨 뜻으로 말했는지 정확히는 몰라요.

same way
같은 방식으로

She always answers in the same way.
그녀는 항상 같은 방식으로 대답해요.

find a path
길을 찾다

In the dark forest, they tried to find a path to safety.
어두운 숲 속에서 그들은 안전한 곳으로 가는 길을 찾으려 했어요.

surprised
놀란

She was surprised by the sudden rain.
그녀는 갑자기 내리는 비에 놀랐어요.

one of a kind
독특한, 유일한

That painting is one of a kind.
그 그림은 세상에 단 하나뿐인 작품이에요.

the universe
우주

There are billions of stars in the universe.
우주에는 수십억 개의 별이 있어요.

upset
속상한

He was upset because his friend didn't call him.
그는 친구가 전화하지 않아서 속상했어요.

unique
유일한, 독특한

Every person has a unique personality.
사람마다 저마다의 독특한 개성을 가지고 있어요.

reach up to
~까지 닿다

Some trees can reach up to 100 feet tall.
어떤 나무는 30미터까지 자랄 수 있어요.

permanently
영구적으로

He moved to another country permanently.
그는 다른 나라로 영원히 떠났어요.

extinct
멸종된

Dinosaurs have been extinct for millions of years.
공룡은 멸종된 지 수백만 년이나 되었어요.

XXI

politely
정중하게

He politely asked the teacher a question.
그는 선생님께 정중하게 질문을 했어요.

tame someone
~를 길들이다

It takes time to tame someone and build trust.
누군가를 길들이고 신뢰를 쌓는 데는 시간이 걸려요.

hesitate
망설이다

She hesitated before answering the question.
그녀는 질문에 대답하기 전에 망설였어요.

random
무작위의

He picked a card at random.
그는 무작위로 카드를 한 장 골랐어요.

prepare
준비하다

We need to prepare for the test tomorrow.
우리는 내일 시험을 준비해야 해요.

essential
필수적인

Water is essential for all living things.
물은 모든 생명에게 꼭 필요해요.

responsible
책임 있는, ~를 담당하는

She is responsible for organizing the event.
그녀는 행사 준비를 맡고 있어요.

XXII

switchman
철도 선로를 바꾸는 사람

The switchman changed the train's track at the station.
선로 전환원은 역에서 기차 선로를 바꿨어요.

guide
안내하다

The tour guide showed us around the city.
가이드는 우리를 도시 곳곳으로 안내해 주었어요.

traveler
여행자

Many travelers visit this island every year.
매년 많은 여행자들이 이 섬을 방문해요.

opposite
반대의

The train is going in the opposite direction.
기차가 반대 방향으로 가고 있어요.

direction
방향

Can you tell me the direction to the museum?
박물관까지 가는 방향을 알려줄 수 있나요?

before
전에

I have seen that movie before.
나는 그 영화를 전에 본 적이 있어요.

satisfied
만족한

She was satisfied with the result of the test.
그녀는 시험 결과에 만족했어요.

yawn
하품하다

He yawned during the boring meeting.
그는 지루한 회의 중에 하품했어요.

press
누르다

Please press the red button to start the machine.
기계를 작동시키려면 빨간 버튼을 눌러 주세요.

XXIII

merchant
상인

The merchant sold fruits and spices in the market.
그 상인은 시장에서 과일과 향신료를 팔았어요.

pill
알약

She took a pill for her headache.
그녀는 두통 때문에 약을 한 알 먹었어요.

disappear
사라지다

The little boy disappeared into the crowd.
그 소년은 군중 속으로 사라졌어요.

accident
사고

He broke his arm in a car accident.
그는 교통사고로 팔을 다쳤어요.

last drop
마지막 한 방울

She drank the last drop of water from her bottle.
그녀는 물병에 남은 물을 마지막 한 방울까지 마셨어요.

darkness
어둠

The candle helped them see in the darkness.
촛불 덕분에 그들은 어둠 속에서도 볼 수 있었어요.

shine
빛나다

The stars shine brightly at night.
밤이 되면 별들이 반짝반짝 빛나요.

shape
형태

I could see the shape of the mountain in the fog.
안개 속에서 산의 형태가 보였어요.

moonlight
달빛

The beach looked beautiful in the moonlight.
그 해변은 달빛 아래에서 아름다워 보였어요.

share
나누다

Good friends share their thoughts and feelings.
좋은 친구는 생각과 감정을 함께 나눠요.

lift up
들어 올리다

He gently lifted up the sleeping child.
그는 잠든 아이를 조심스럽게 들어 올렸어요.

fragile
깨지기 쉬운

This glass is very fragile, so be careful.
이 유리는 매우 깨지기 쉬우니까 조심해요.

treasure
보물

The little prince treated his flower like a treasure.
어린 왕자는 자신의 꽃을 보물처럼 아꼈어요.

indeed
정말로

She is indeed a kind person.
그녀는 정말로 친절한 사람이에요.

delicate
섬세한

The artist drew a delicate flower with soft lines.
그 예술가는 섬세한 선으로 꽃을 그렸어요.

half-open
반쯤 열린

His eyes were half-open as he tried to stay awake.
그는 졸지 않으려고 애쓰며 눈을 간신히 뜨고 있었어요.

constant
끊임없는

The baby cried with constant hunger.
그 아기는 계속 배가 고파서 울었어요.

XXV

unusual
특이한

The well looked very unusual for a place with no village nearby.
근처에 마을도 없는 위치인데, 우물이 있는 게 특이해 보였어요.

nearby
근처의

Is there a restaurant nearby?
근처에 식당이 있나요?

rope
밧줄

He pulled the bucket up with a long rope.
그는 긴 밧줄로 양동이를 끌어올렸어요.

tire out
지치게 하다

Carrying water all day tired him out.
하루 종일 물을 나르느라 그는 지쳤어요.

handle
다루다, 처리하다

Let me handle that—it looks too heavy for you.
그건 내가 할게, 너한텐 너무 무거워 보여.

heavy
무거운

This bag is too heavy to carry.
이 가방은 너무 무거워서 못 들겠어요.

thoughtfully
사려 깊게

He looked at her thoughtfully before speaking.
그는 말을 꺼내기 전에 사려 깊게 그녀를 바라봤어요.

hand over
넘겨주다

She handed over the drawing to the little prince.
그녀는 그림을 어린 왕자에게 넘겨주었어요.

reason
이유

There's a reason he didn't answer.
그가 대답하지 않은 데는 이유가 있어요.

turn red
얼굴이 빨개지다

His face turned red when he was asked the question.
그 질문을 받자 그의 얼굴이 빨개졌어요.

XXVI

stone wall
돌담

The little prince sat quietly on a stone wall.
어린 왕자는 조용히 돌담 위에 앉아 있었어요.

overhear
우연히 듣다

I overheard them talking about the surprise party.
나는 그들이 깜짝 파티에 대해 이야기하는 걸 우연히 들었어요.

footprint
발자국

There were small footprints in the sand.
모래 위에 작은 발자국들이 있었어요.

take long
오래 걸리다

It won't take long to finish this.
이걸 끝내는 데는 오래 걸리지 않을 거예요.

notice
알아차리다

She didn't notice that he was sad.
그녀는 그가 슬퍼 보인다는 걸 알아차리지 못했다.

tremble
떨다

He began to tremble with fear.
그는 두려움에 떨기 시작했다.

nightmare
악몽

I had a terrible nightmare last night.
나는 어젯밤에 끔찍한 악몽을 꿨어.

become serious
진지해지다

He suddenly became serious and stopped smiling.
그는 순식간에 진지해지며 웃음을 멈췄다.

comfort someone
위로하다

He comforted the child who was crying.
그는 울고 있는 아이를 다정하게 달래주었어요.

pause
잠시 멈추다

She paused before answering the question.
그녀는 질문에 대답하기 전, 잠시 멈췄다.

XXVII

companion
동료, 일행

He traveled with a close companion.
그는 친한 동료와 함께 여행했어요.

relieve
안도시키다

The good news relieved her worries.
좋은 소식 덕분에 그녀는 한시름 놓았어요.

gradually
점차

The pain gradually went away.
통증이 점차 사라졌어요.

completely
완전히

The bottle is completely empty.
병이 완전히 비어 있어요.

guard
지키다, 보호하다

He stayed behind to guard the camp.
그는 캠프를 지키기 위해 남았어요.

keep an eye
감시하다, 지켜보다

Can you keep an eye on my bag for a minute?
잠깐만 내 가방 좀 맡아줄 수 있어?

watchful
주의 깊은

The dog was watchful of any strangers.
그 개는 낯선 사람들을 경계하며 지켜봤어요.

어린 왕자 영어판

The Little Prince - English Learner's Edition

초판 1쇄 발행 | 2025년 9월 10일
원작자 | 앙투안 드 생텍쥐페리

기획 | 미니학습지 콘텐츠 개발팀
감수 | 김시연, 배지영
디자인 | 백현지

발행인 | 안희철
펴낸곳 | 노이지콘텐츠(주)
출판등록 | 2014년 1월 17일 (등록번호 301-2014-015)
주소 | 서울특별시 금천구 디지털로 178, B동 1612-13호(가산동)
이메일 | info@noisycontents.com

ISBN 979-11-6614-843-9(13740)

정가 14,000 원

Le Petit Prince

필사 노트

Antoine de Saint-Exupéry

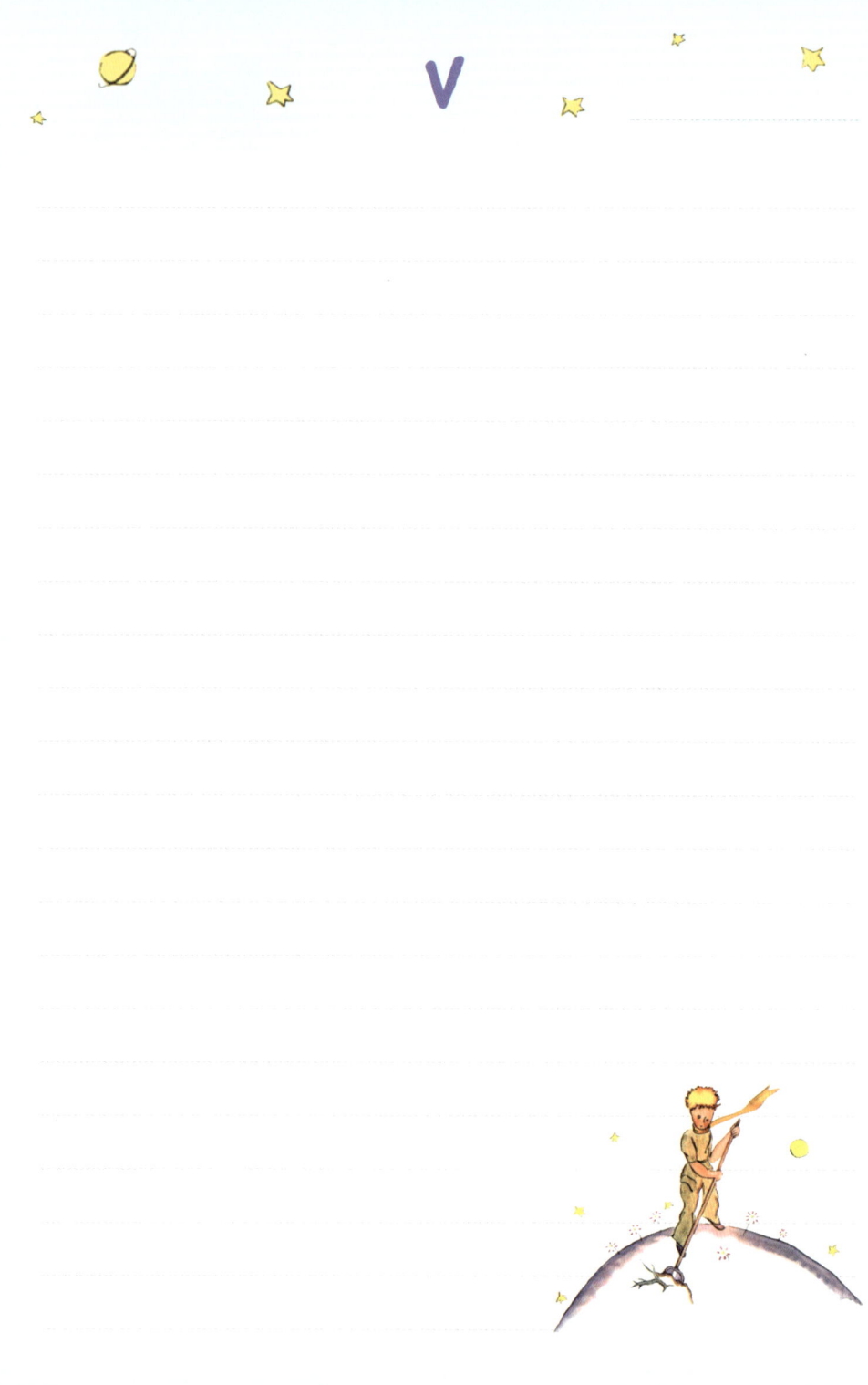

VIII

XIII

XVI

XVII

XVIII

XXII

XXVI

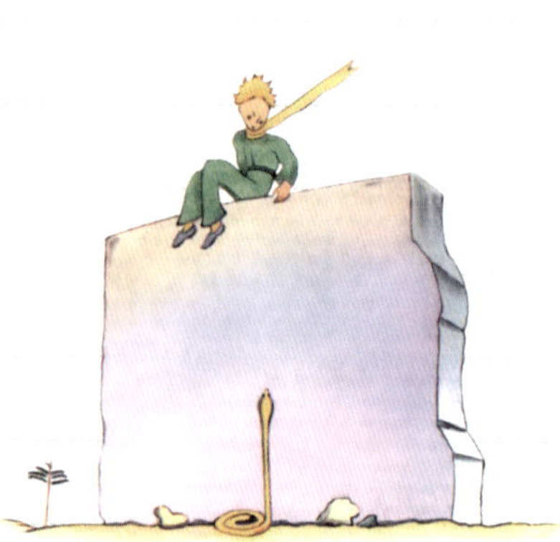